爱看**书**的广告

范用 编

生活·讀書·新知 三联书店

Copyright © 2015 by SDX Joint Publishing Company.
All Rights Reserved.
本作品版权由生活·读书·新知三联书店所有。
未经许可，不得翻印。

图书在版编目（CIP）数据

爱看书的广告／范用编．—2版．—北京：
生活·读书·新知三联书店，2015.9
ISBN 978-7-108-05423-4

Ⅰ.①爱⋯　Ⅱ.①范⋯　Ⅲ.①书籍-广告-中国
Ⅳ.①F713.8

中国版本图书馆CIP数据核字（2015）第157189号

特约编辑	汪家明
责任编辑	王振峰
装帧设计	蔡立国
封面插图	丰子恺
责任印制	郝德华
出版发行	生活·讀書·新知 三联书店
	（北京市东城区美术馆东街22号 100010）
网　　址	www.sdxjpc.com
经　　销	新华书店
印　　刷	北京图文天地制版印刷有限公司
版　　次	2004年4月北京第1版
	2015年9月北京第2版
	2015年9月北京第3次印刷
开　　本	720毫米×1000毫米　1/16　印张15
字　　数	164千字
印　　数	08,001-13,000册
定　　价	38.00元

（印装查询：01064002715；邮购查询：01084010542）

目 录

编者的话 / 1

广告文字

鲁迅撰写的广告文字 / 3

叶圣陶撰写的广告文字 / 12

巴金撰写的广告文字 / 22

施蛰存撰写的广告文字 / 32

胡风撰写的广告文字 / 34

老舍撰写的广告文字 / 41

丽尼撰写的广告文字 / 43

陆蠡撰写的广告文字 / 45

陈占元撰写的广告文字 / 46

叶至善撰写的广告文字 / 48

曹辛之撰写的广告文字 / 51

文化生活出版社的广告文字 / 58

北新书局的广告文字 / 72

新月书店的广告文字 / 82

良友图书出版公司的广告文字 / 97

广告式样

七十多年前的新书广告 / 117

开明文史丛刊广告 / 118

世界少年文学丛刊广告 / 119

吴祖光戏剧集广告 / 120

果戈理作品广告 / 121

《文学回忆录》包封封底的广告 / 122

《文学回忆录》包封勒口上的广告 / 123

文化生活丛刊广告（一）/ 124

文化生活丛刊广告（二）/ 125

文化生活丛刊广告（三）/ 126

良友文学丛书广告（一）/ 128

良友文学丛书广告（二）/ 129

世界知识丛书广告（一）/ 130

世界知识丛书广告（二）/ 131

世界知识丛书广告（三）/ 132

世界知识丛书广告（四）/ 133

世界知识丛书广告（五）/ 134

妇女生活丛书广告（一）/ 135

妇女生活丛书广告（二）/ 136

黑白丛书广告 / 137

《中国的一日》广告 / 138

青年自学丛书广告（一）/ 139

青年自学丛书广告（二）/ 140

生活书店新书与重版书广告 / 142

世界文库广告（一）/ 143

世界文库广告（二）/ 144

生活书店图书广告（一）/ 145

生活书店图书广告（二）/ 146

生活书店图书广告（三）/ 147

生活书店图书广告（四）/ 148

生活书店刊物广告（一）/ 149

生活书店刊物广告（二）/ 150

读书生活出版社图书广告（一）/ 151

读书生活出版社图书广告（二）/ 152

读书生活出版社图书广告（三）/ 153

《少年的书》丛书广告（一九三七）/ 154

《新文学教程》广告 / 155

新知书店图书广告（一）/ 156

新知书店图书广告（二）/ 157

读书出版社印在书籍包封的图书广告 / 158

生活·读书·新知三联书店图书广告（一）/ 159

生活·读书·新知三联书店图书广告（二）/ 160

生活·读书·新知三联书店图书广告（三）/ 161

生活书店编印的广告小册子《读书与出版》（一九三六年七月）/ 162

生活书店编印的广告小册子《读书与出版》（一九三七年四月）／ 163

开明书店编印的广告小册子《开明》新一号（一九四七年七月）／ 164

生活·读书·新知三联书店编印的广告小册子《三联信息》

（一九八六年十月）／ 165

书籍广告谈

钱伯城　漫谈书刊广告 ／ 169

李　辉　施蛰存写广告（摘录）／ 174

赵家璧　谈书籍广告（摘录）／ 176

李一氓　广告·文学·文明（摘录）／ 178

纪　申　关于作家写广告 ／ 180

叶至善　我做广告 ／ 183

欧阳文彬　广告中的学问 ／ 190

赵晓恩　徐伯昕与生活书店的推广宣传工作 ／ 194

王建辉　图书广告谈屑 ／ 209

范　军　让书籍广告更精彩 ／ 212

范　用　石头城里宣传马克思

　　　　——中央日报《资本论》广告事件 ／ 215

姜德明　一张书刊广告 ／ 219

姜德明　书上的广告 ／ 222

姜德明　创造社的广告 ／ 224

姜德明　朴社的广告 ／ 227

姜德明　开明书店的广告 ／ 230

编者的话

我爱书，爱看书的广告。

我看书的广告，最早是在二十世纪三十年代。那时父亲病故，家境困难，买不起书，只能到书店站着看不花钱的书，看报纸杂志上的书的广告。

印象最深的，是商务印书馆的"每日新书"广告，印在《申报》《新闻报》头版报名之下，豆腐干大小的一块。我不大看商务印书馆的书，而是看几家进步出版社：生活书店、读书生活出版社、新知书店（现三联书店前身）出版的书刊，看它们的广告。这三家出版社的广告，设计新颖，书名用美术字，有的还配图。生活书店出版的《文学》《光明》《世界知识》等杂志，底封和底封里都刊登新书广告。

开明书店的广告，文字编排有特点，不留一字空白，我曾刻意摹仿。

有的出版社还编印宣传推广的小刊物赠送读者，如生活书店的《读书与出版》，开明书店的《开明》，人民日报出版社的《书讯》（彩色版）。我在三联书店编印过名为《书的消息》《三联信息》的宣传刊物。

十六岁那年到汉口，我有幸进了读书生活出版社当练习生，出于爱好，自己学习设计广告。后来，出版社的广告就交给了我，让我包办了。二十世纪八十年代，三联书店出版《读书》杂志，底封和底封里有两面广告，我又有了设计广告的机会。一干几十年，直到离开三联书店。

旧中国几家著名的出版社，叶圣陶主持的开明书店、赵家璧主持的良友图书公司、巴金主持的文化生活出版社都很重视广告。鲁迅先生也很重视书的广告，写过不少广告文字。此外，茅盾、施蛰存、胡风、陆蠡等先生，都写书的广告文字。

为了学习前辈怎样做广告，我留意搜集以上诸家撰写的广告文字。用短短的百来字介绍一本书，是很要用心的。出版社的编辑应当学会写广告文字，这是编辑的基本功之一。广告文字要简练，实事求是，不吹嘘，不讲空话废话。

现在我把搜集积存的广告文字和广告式样，以及谈书籍广告的文章，汇编成这本小书，奉献给做编辑工作的同志参考。作家李辉和我有同好，听说我在编书，把他所搜藏的广告文字贡献出来，使本书更加充实，这是不能不提到的。

让我们都来做好书刊的宣传。

广告文字

鲁迅撰写的广告文字

《中国矿产志》

　　吾国自办矿路之议,自湖南自立矿务公司,浙人争刘铁云条约,皖人收回铜官山矿地,晋人争废福公司条约,商部奏设矿政总局诸事件踵生以来,已有日臻发达之势,顾欲自办铁路,而不知自有矿产之所在,则犹盲人瞎马,夜半之临深池,纵欲多方摸索,必无一得。留学日本东京帝国大学顾君琅及仙台医学专门学校周君树仁,向皆留心矿学有年,因见言路者,虽有《铁路指南》一书刊行,而言矿者,则迄今无一善本。因特搜集东西秘本数十余种,又旁参以各省通志所载,撮精删芜,汇为是篇。搜集宏富,记载精确,与附刊之《中国矿产全图》,有互相说明,而不可偏废,实吾国矿产学界空前之作。有志富国者,不可不急置一编也。

《中国矿产全图》

　　是图为日本农商省矿山调查局秘本。日人选制此图,除自派人精密调查外,又采自德人地质学大家聂河芬氏之记录,及美人潘匹联氏之《清国主要矿产颁布图》不少,故彼邦视此图若枕中宝。

《域外小说集》第一册

是集所录，率皆近世名家短篇。结构缜密，情思幽眇。各国竞先选译，斐然为文学之新宗，我国独阙如焉。因慎为译述，抽意以期于信，绎辞以求其达。先成第一册，凡波兰一篇，美一篇，俄五篇。新纪文潮，灌注中夏，此其滥觞矣！至若装订新异，纸张精致，亦近日小说所未见也。每册小银丹三角，现银批售及十册者九折，五十册者八折。总寄售处：上海英租界后马路乾记弄广昌隆绸庄。会稽周树人白。

《呐喊》

鲁迅的短篇小说集，从一九一八至二二年的作品在内，计十五篇，前有自序一篇。

《故乡》

许钦文的短篇小说集。由长虹与鲁迅将从最初至一九二五年止的作品，严加选择，留存二十二篇。作者以热心冷面，来表现乡村、家庭，现代青年的内生活的特长，在这里显得格外挺秀。

《心的探险》

长虹的散文及诗集，将他的以虚无为实有，而又反抗这实有的精悍苦痛的战叫，尽量地吐露着。鲁迅并画封面。

《飘渺的梦及其他》

向培良的短篇小说集，鲁迅选定，从最初以至现在的作品中仅留十四篇。革新与念旧，直前与回顾；他自引明波乐夫的散文诗道：矛盾，矛盾，矛盾，这是我们的生活，也就是我们的真理。司徒乔画封面。

《彷徨》
鲁迅的短篇小说第二本。从一九二四至二五年的作品都在内，计十一篇。陶元庆画封面。

《苦闷的象征》
日本厨川白村作文艺论四篇，鲁迅译。陶元庆画封面。

《苏俄的文艺论战》
褚沙克等的论文四篇，任国桢译。可以看见新俄国文坛的论辩的一斑。

《十二个》
俄国勃洛克作长诗。作者原是有名的都会诗人。这一篇写革命时代的变化和动摇，尤称一生杰作。

《工人惠略夫》
俄国阿尔志跋绥夫作，鲁迅翻译。是极有名的一篇描写革命失败后社会心情的小说。或者堕入人道主义，或者激成虚无思想，沉痛深刻，是用心血写就的。

《一个青年的梦》
日本武者小路实笃作戏剧，鲁迅译。当欧战正烈的时候，作者独能保持清晰的思想，发出非战的狮子吼来。

《自由的波浪》

原名《大心及其他》，一名《俄国专制时代的七种悲剧文学》。为丹兼珂、托尔斯多、戈理基诸大家所作。全是战士的热烈的叫喊，浊世的决堤的狂涛。

《出了象牙之塔》

日本厨川白村作关于文艺的论文及演说二十篇，思想透辟，措辞明快，而又内容丰富，饶有趣味，是一部极能启发青年神志的书。

《往星中》

俄国安特列夫作。是反映一个时代的名剧，表现一九〇五年革命失败后社会上矛盾和混乱的心绪的。陶元庆画封面。

《穷人》

俄国陀思妥耶夫斯基作。这是作者的第一部，也是即刻使他成为大师的书简体小说。人生的困苦和悦乐，崇高和卑下，以及留恋和决绝，都从一个少女和老人的通信中写出。

《外套》

俄国果戈理作。这是一篇极为有名的讽刺小说，然而诙谐中藏着隐痛，冷语里仍见同情，惜别种译本每有删去之处，今从原文译出，最为完全。

《小约翰》

荷兰望·蔼覃作。是用象征来写实的童话体散文诗。叙约翰原是大自然的朋友,因为求知,终于成为他所憎恶的人类了。

《唐宋传奇集》

鲁迅校录。共九卷。唐人作者五卷,宋人作者三卷十六篇,末一卷为《稗边小缀》,即鲁迅所作考证,文言一万五六千字。是一部小心谨慎,用许多善本校订编成的书。编者在叙例上说:"本集篇卷无多,而成就颇亦非易 广赖众力,才成此编。则其不草率行事也可想。治文学史则资为材料,嗜文艺则玩其词华,有此一编,诚为两得。"

《思想·山水·人物》

日本鹤见祐辅著 鲁迅译

这是一部论文和游记集,着意于政治,其中关于英美现势的观察及人物的评论都有明快切中的地方,滔滔如瓶泻水,使人不觉终卷。

《文艺连丛》

野草书屋版

投机的风气使出版界消失了有几分真为文艺尽力的人。三闲书屋曾经想来抵抗这种颓运,而出了三本书,也就倒灶了。我们只是几个能力未足的青年,可是要再来试一试,看看中国的出版界是否永远是这么没出息。

我们首先要印的一种关于文学和美术的小丛书,就是《文艺连丛》。为什么"小",这是能力的关系,现在没有法子想。但约定的编辑,是真肯负责任的编辑，他决不只挂一个空名，连稿子也不看。因此所收的稿子，也就是切实的翻译者的稿子，稿费自然也是要的，但决不是专为了稿费的翻译，总之，对于读者，也是一种决不欺骗的小丛书。

现在已经付印的是：

1.《不走正路的安德伦》苏联　聂维洛夫作　曹靖华译

作者是一个最伟大的农民作家，可惜在十年前就死掉了。这一篇中篇小说，所叙述的是革命开初，头脑单纯的革命者在乡村是怎样受农民的反对而失败，写得十分生动。译者深通俄国文学，又在列宁格勒大学里教授中国文学有年，所以难解的土语，都可以随时询问，其译文的可靠，是早为读书界所深悉的。

2.《山民牧唱》西班牙　巴罗哈作　鲁迅译

西班牙的作家，中国大抵只知道因欧洲大战时候，作者攻击德国的伊本纳兹，但文学的本领巴罗哈实在其上，日本译有选集一册，所记的都是山地住民跋司珂族的风俗习惯，译者曾译数篇登在《奔流》上，颇为读者所赞许。这是选集的全译。

3.《Noa　Noa》法国　戈庚作　罗抚译

作者是法国画界的猛将，他厌恶了所谓文明社会，逃到野蛮岛泰息谛去了，生活了好几年。这书名还未一定，或者就可译为《泰息谛纪行》吧。里面所写的是"文明人"的没落，和纯真的野蛮人被这没落的"文明人"所毒害的情形，并及岛上的人情风俗、神话等。译者是一个无名的人，但译笔却并不在有名人物之下。

《萧伯纳在上海》

萧伯纳一到上海，就给了中国一个冲击。定期出版物上几乎都有记载或批评，称赞的也有，嘲骂的也有。编者用了剪刀和笔墨，将这些择要汇集起来，又一一加以解剖和比较，说明了萧是一面平面镜子，而一向在凹凸镜里见得平正的脸相的人物，这一回却露出了他们的歪脸来。是一部未曾有过的书籍。编者乐雯，鲁迅作序。

《坏孩子及其他》

契诃夫作　鲁迅译

译者在前记里这样说："这些短篇，虽作者自以为'小笑话'，但和中国普通之所谓'趣闻'，却又截然两样。它不是简单的只招人笑，一读自然往往会笑，不过笑后总还剩下些什么——就是问题。生瘤的化装、蹩脚的跳舞，那模样不免使人笑，而笑时也知道，这笑是因他有病，这病能不能医。这八篇里面，我以为没有一篇是可以一笑就了的。但作者自己却将这些指为'小笑话'，我想，这也许是因为他谦虚，或者后来更加深广，更加严肃了。"作者观察的广博，思想的阴郁，一股沉阴气息，使读者的呼吸会沉重起来。

《死灵魂一百图》

阿庚画

果戈理的《死魂灵》一书早已成为世界文学的典型作品，各国均有译本。汉译本出，读书界因之受一震动，顿时风行，其魅力之大可见。此书原有插图三种，以阿庚所作《死灵魂一百图》为最有名，因其不尚夸张，一味写实，故为批评家所赞赏。惜久已绝版，虽由俄国收藏家视之，亦已为不易入手的珍籍。三闲书屋曾于去年购得一部，不欲自密，商请文化生活出版社协助，全部用平面复写版精印，纸墨皆良。并将梭可罗夫所作插图十二幅附于卷末，以集《死魂灵》画像之大成。读者于读译本时，并翻此册，则果戈理时代的俄国中流社会情状，历历如在目前，绍介名作而兼及如此多数的插图，在中国实为空前之举。但只印一千本，且难再版，主意非在谋利，定价竭力从廉。

《铁流》图

当本书刚已印装成的时候，才得到译者来信并木刻《铁流》图样的原版印本，是终于找到这位版画大家Piskarev了。并承作者好意，不收画价，仅欲得中国纸张，以作印刷木刻之用。惜到得迟了一点，不及印入书中，现拟用锌版复制单片，计四十幅（其一已见于封面，但仍另印）为一套，于明年正月底出版，对于购读本书者，只收制印及纸费大洋一角。倘欲并看插画的读者，可届时持特价券至代售处购取。无券者每份售价贰角伍分。又将专为研究美术者印玻璃版本二百五十部，价未定。一九三一年十二月八日，三闲书屋谨启。

《北平笺谱》

中国古法木刻，近来已极陵替。作者寥寥，刻工亦劣。其仅存之一片土，惟在日常应用之"诗笺"，而亦不为大雅所注意。三十年来，诗笺之制作大盛，绘画类出名手，刻印复颇精工。民国初元，北平所出者尤多隽品，抒写性情，随笔点染，每入前人未尝涉及之园地。虽小景短笺，意态无穷。刻工印工，也足以副之。惜尚未有人加以谱录。近来用毛笔作书者日少，制笺业意在迎合，辄弃成法，而又无新裁，所作乃至丑恶不可言状。勉维旧业者，全市已不及五七家，更过数载，出品恐将更形荒秽矣。鲁迅西谛二先生因就平日采访所得，选其尤佳及足以代表一时者三百数十种（大多数为彩色套印者），托各原店用原刻版片，以上等宣纸，印刷成册，即名曰："北平笺谱"。书幅阔大，彩色绚丽，实为极可宝重之文籍；而古法就荒，新者代起，然必别有面目，则此又中国木刻史上断代之惟一之丰碑也。所印仅百部，除友朋分得外，尚余四十余部，爰以公之同好。每部预约价十二元，可谓甚廉。此数售罄后，续至者只可退款。如定户多至百人以上，亦可设法第二次开印，惟工程浩大（每幅有须印十余套色者），最快须于第一次出书两月后始得将第二次书印毕奉上。预约期二十二年十二月底截止。二十三年正月内可以出书。欲快先睹者，尚希速定。

叶圣陶撰写的广告文字

《幻灭》《动摇》《追求》

茅盾著

革命的浪潮打动古老中国的每一颗心。摄取这许多心象，用解剖刀似的锋利的笔触来分析给人家看，是作者独具的手腕。由于作家的努力，我们可以无愧地说，我们有了写大时代的文艺了。分开看时，三篇各自独立；合并起来看，又脉络贯通——亦惟一并看，更能窥见大时代的姿态。

《清明前后》

茅盾著

这是茅盾先生第一个剧本，也是抗战以来第一个用民族工业问题做题材的剧本。故事的背景是轰动了山城、轰动了全国的黄金案，写的是卷在这个事件当中的几位"可敬的人"和两三个可怜人。茅盾先生用他写小说的那种细腻深刻的手法，把人物的性格刻画得非常鲜明，又依照他一贯的写作态度，把题材处理得又精细，又严肃。爱读茅盾先生小说的一定欢迎这个剧本，欢迎他创作新道路上的第一个收获。

《背影》（朱自清散文集）

谁都认识朱先生是新诗坛中的一位健将，但他近年来却很少做诗，因为他对于自己的诗并不觉得满足。他所最得意的还是散文，所以近来做的散文已特别多。这是他最近选辑的散文集，共含散文十五篇，叙情则悱恻缠绵，述事则熨帖细腻，记人则活泼如生，写景则清丽似画，以致嘲骂之冷酷，讥刺之深刻，真似初写黄庭，恰到好处。以诗人之笔做散文，使我们读时感到诗的趣味。全书百五十余页，上等道林纸精印，实价伍角伍分。

《欧游杂记》

朱自清著

一

朱自清先生游历欧洲，最近归国，把他的《欧游杂记》交本志发表。所记多为观览名胜和艺术品的印象，至堪玩味。文字益趋于平淡，而造诣更深。有人说："把一篇文字回环往复地念，想增加一字办不到，想减去一字也办不到，这样的文字才是'完作'；读朱先生的文字，便觉得它已能达这样的境界。"这个话，我们颇表同意，朱先生的文字确是十年来很难得的收获。《欧游杂记》于九月号开始刊载，先此预告。

二

从二十年秋季到二十一年夏季，朱先生因假游历欧洲，这本书是那时候的游记。共十篇，附通信两篇。用印象的笔法记述所见的景物，读了不单"知道"，并且"感得"那些景物如在目前。他自己说"记述可也费了一些心在文字上"，真的，朱先生的文字，没有不几经洗炼的，纯粹口语，然而是文学的口语，作为范文读也很适宜。附彩色图两幅，单色图三十一幅，是名画及名胜之区的相片，印刷极精，可供参看。

《冰心著作集》

　　作者以诗人的眼光观看一切，又用诗的技巧驱遣文字。她的作品，无论诗、小说，还是散文，广义地说都是诗。二十多年以来，她一直拥有众多的读者。文评家论述我国现代文学，谁也得对她特加注意，做着详尽的叙说，这原是她应享的荣誉。现在她把历年的作品整理一过，定个总名叫做《冰心著作集》，交由本店分册印行。

《冰心小说集》

　　作者的小说，文笔清新流利，词句优美动人，素为读者所称誉。本书包含短篇小说三十篇，每篇都能在平淡的故事里见出深致。卷首有作者的《自序》，书末有巴金的《后记》。

《冰心散文集》

　　收散文四十五篇。体裁虽是散文，骨子里全是诗，展读一过，是无上的享受。

《冰心诗集》

　　收新诗三十首。作者的诗以智慧和情感的珠缀成，能引起读者内心的共鸣。

《寄小读者》

　　冰心著

　　这个集子是作者特地赠与少年们的礼物，换句话说，是为了少年们写的。一般认为世间最不失其童心的是诗人，作者以诗人的心情跟少年们谈风景，谈人事，谈人与人的关系，宛如兄弟姊妹间的娓娓清谈，完全没有教训的意味，而又特别富有感染的力量。少年们读了，智慧跟感情自会受到深重的培养。中小学的国文课本常常选用本书中的文章，是很有道理的。现在这集子既是全份，该是少年们课余的良伴。不失童心的成人也会喜欢本书。

《先知》

纪伯伦著　冰心译

本书是一册谈哲理的散文诗，里面谈爱，谈婚姻、孩子，谈饮食、工作，谈理性与热情、悲哀与痛苦、罪与罚、善与恶——关于人生的一切，几乎无不触及。作者是叙利亚人，漫游过欧洲，后来长住在美国。他用亚剌伯文写了许多书，多数已译成欧洲各国文字，有达十八国文字的。《先知》是最受人欢迎的作品。冰心女士翻译本书，曾尽了最大的力量。她说"那满含东方气息的超越的哲理和流丽的文词"给与她"以极深的印象"。译文更清丽流畅，得未曾有。

《边城》

沈从文著

这是一个中篇，写川湘边境一个山城里祖父跟孙女儿的故事。祖父是撑渡船的，对于孙女儿爱护周至，可是老年人的心情常常为青年人所误解，因而孙女儿的婚姻问题得不到美满的解决。故事既缠绵曲折，作者写人物心性、山水风景，又素有特长，这篇小说就成为朴实美妙的叙事诗。作者善于创造高妙的意境，见得到而且达得出，读者几乎都有这样的印象，读了这本书这种印象必将更见深刻。

《长河》

沈从文著

作者在抗战前,回去过一次湘西,写了一本小说《边城》,一本游记《湘行散记》。抗战发生后,又回去过一次,又写了一本游记《湘西》和这本小说《长河》。他用辰河流域一个小小的水码头做背景,熟习的人事做题材,来写这地方一些平凡的人物生活上的常和变,以及因此而生的哀和乐。忠忠实实地分析了痛苦的现实,但又特意加上了一点牧歌的诣趣,这样似乎取得了人事上的调和。作者用了他庄严认真的态度,写出他一腔沉痛的感慨。爱读他的作品的必将先睹为快。

《心病》

李健吾著

这部小说呈出我们崩溃的社会的一面。这里是犀利的观察,深刻的性格解剖,微妙的心理分析,独特的小说技术。最为难能可贵,更是蕴藉的讽喻。至于对话的别致,自是作者的特色。

《灌木集》

李广田著

这是李先生自选的散文集。不但自选,而且经过改正。他在序文里说,"直到现在,我才知道自己能细心改正自己的文章是一件有趣而又有意义的工作"。从这个话,可以见到作者的艺术良心,也可以见到收在集子里的尽是精粹之作。题名"灌木",那是作者的谦德。他把大文章比做乔木,而说"我这些小文章也不过是些丛杂的灌木罢了。灌木是矮矮的,生在地面,春来自荣,秋去自枯,没有蠹天的枝柯，也不会蔚为丰林，自然也没有栋梁舟车之材，甚至连一树嘉荫也没有，更不必说什么开花与结果。顶多，也不过在水边，山崖，道旁，冢畔，作一种风景的点缀，可以让倦飞的小鸟暂时栖息，给昆虫们作为住家而已"。就是这几句，便显示出作者个人的风格。

《风雪夜归人》

吴祖光著

《风雪夜归人》这个五幕剧，作者吴祖光先生认为是最满意的一部。这因为在这个剧本里作者写的是他最熟悉的事，是他最爱好的人；并且在这个剧本里作者自己也参与了进去，隐藏在这个剧本的每一个角落里。这个剧本里作者写一群不自觉的好人在现实的人生里的形形色色，他们受屈辱，遭鄙视；他们贫苦，穷困　　但是尽有些帮助朋友，帮助跟自己一样受苦受难的朋友的。在卷首作者引用了安徒生的话："高贵和光荣埋在尘埃里，但真理总有一天可以显出的。"这个剧本虽说是个悲惨的结尾，作者却有真理总有一天可以显出的信心。

《丽白楼自选集》

林庚白著

这部书是从林庚白先生生前编集《今诗选》残稿中辑成的。林先生生前作诗很多，这里选的是他自负为史诗最有价值者，以为前无古人。大致说，他未必胜古人，可是他所遇到的"时"与"世"都是古人所没有遇到过的，他能把此时此世的意境情绪交织在诗里，不模拟古人形貌，不拘守古人骸骨。虽是旧体，却充满了时代的精神，与规唐摹宋的作品大异，给诗坛开辟了一个新境界。

《张居正大传》

朱东润著

本书作者认定现代需要的传叙文学,是承西洋三百年来传叙文学的进展,采取一种有来历有证据不忌繁琐不易颂扬的作品。乃于博览中西传叙文学及其理论以后,决定用新的形式来写一本传叙,做一种继往开来的工作,替中国的传叙文学开辟一个新天地。经过缜密的考虑,决定选取历史上划时代的人物张居正做传主,取材极其审慎,对于当时的政局,有详尽的叙述。又以对话是传叙文学的精神,故充分利用有根据的对话,并竭力使它保存明代对话的精神,使读者得到亲切之感。因之本书不仅是一本普通的历史书,并且也是极好的文学作品。

《我与文学及其他》

朱光潜著

这个集子收集文学论文十四篇。说是论文,可不是搬弄理论、辑录成说的一类。作者谈他怎样跟文学打交道,经历怎样的甘苦,得着怎样的领悟,尝味怎样的愉悦;深广的学识,超脱的胸襟,浓厚的同情,融合而为亲切有味、引人入胜的文字,其中大部分涉及诗。一切好的文学跟艺术本来都是诗,当然从广义方面说。要在文学跟艺术的天地间回旋,从诗入手,植根更深。读者读这个集子,宛如跟作者促膝而坐,听他娓娓清谈,而跟随作者从诗的基点看文艺,所见必将更为深广。

《读词偶得》

俞平伯著

此书系取古名家词而解释之,凡温飞卿、韦端己、南唐中主、南唐后主、周美成五家。并不依傍成说,亦不措意于语原典故之末,惟体味作者当时之心情境界,而说明其如是抒写之所以,与所谓"诠释"之作全异其趣,其说由浅而深,初学者循序展玩,不特悟词为何物,抑且怀词人之心矣。末附平伯先生所选古人词一百零八首,可资讽诵。

《中国人学英文》

吕叔湘著

中国的文字不是拼音文字,所以中国人学英文就有了一种先天的困难。大多数学英文的人学了几年之后,弄成了一个僵局,似通而又未通,单字是记了许多个,规则是背了许多条,但是,书是读不下,话是说不来,写自然更不用说。大多数人这样相持了一阵,由疲倦而厌恶,由厌恶而淡忘,以前的几年工夫就白丢了。这本书就是想对于在这种僵局中挣扎的人提供一点帮助。里面所讲的和普通的文法书不同,作者根据自己在学英文过程中所经历的甘苦,专门就中国人学英文时所感觉到的特别困难,加以指点,使学者能找到一条正确的道路,早点脱出那个恼人的僵局,走向成功。所以对于想学通英文的中国人,这是本切实有用的书。

《石榴树》

索洛延著 吕叔湘译

这个集子里的各篇,以一个叫做阿剌木的人物为主体,写他幼年和少年时代的所见所历。洞达人情,富于诗趣。完全白描的笔法,不加藻饰,只用简朴的叙述和对话,而人物的心情姿态,自然显露。可说是具有新风格的妙品。译者的文笔也大可称美。一般的译文,只宜看不宜读,读起来不上口。这本书的译笔运用口语，精炼到几乎神化，在翻译界也开创了一种新的风格。你若读他，不只看他，享受一定更多。

《闻一多全集》

朱自清　郭沫若　吴晗　叶圣陶编

闻一多先生为民主运动贡献了生命，他是个斗士，但是他又是一个诗人和学者。他说他始终没有忘记除了我们的今天外，还有那二千年前的昨天，这角落外还有整个世界。他又说："我的历史课甚至伸到历史以前，所以我又在研究以原始社会为对象的文化人类学。"他的贡献真太多了。创作《死水》，研究唐诗以至《诗经》《楚辞》，一直追求到神话，又批评新诗，更动手将《九歌》编成现代的歌舞。他将古代与现代打成一片，成为一部"诗的史"，或一部"史的诗"。这部全集由朱自清先生负责编辑，附有先生之年谱与事略及郭沫若、朱自清两先生的序，末附朱自清先生编后记。

《二千年间》

蒲韧著

这是关于中国封建专制主义时代的历史的一本书。这个时代所占有二千一百多年之久。在全部中国历史中，这二千年间的历史对我们特别重要，因为封建专制主义时代虽然过去了，但是在这二千年间积累下来许多历史传统，对于现在我们的生活还发生很大的影响。一般的历史书都顺着时间写，着重在每个历史阶段的横剖面。这本书却是从纵剖面写的，把这二千年看做一个整体，从这里提出若干较重要的问题来谈论。所以本书可以帮助读者把过去已有的较零碎的知识作一次有系统的整理，并且可以引起进一步研究的兴趣。

《开明青年丛书》

　　这个丛书,包含各种学科。有叙实质的,有谈方法的,也有两者兼顾的。若干册的性质虽然不同,有两点却彼此一致,就是编撰的通俗化跟笔致的文艺化。通俗化,就没有艰深难晓的毛病;文艺化,就尽多引人入胜的妙处。通常涉及各种科学的书,一类是学校教本,教本拘于体例,只能提纲举要,不免枯燥乏味;另外一类是纯学术性的著作,作者往往只顾自己的发挥,不很注意读者的领受,在一般人看来,有些望而生畏。这个丛书可以算是第三类。比较纯学术性的著作,易于食之而化。比较学校教本,又有丰富与多趣的优点。作为进修读物,最得益。

巴金撰写的广告文字

《回忆录》

妃格念尔著　巴金译

这是一本神奇的圣书，一本伟大的自传。从这本书里一个异邦美丽的小姐站起来，在读者面前发育成长，长成一个伟大的人格，抛弃了富裕的家庭，离开了资产阶级的丈夫，到民间去，把她从瑞士学来的医学知识，用来救济贫寒的农民，后来经历过了种种的阶段，变成了一个最伟大的领袖，一代青年的指路的明灯。于是她在牢狱里被活埋了二十三年以后，生命又来叩门了。她以新生的精力重回人间。这是何等样崇高的精神，何等样坚决的性格与信仰，何等样的人格的吸引力！

读过柏克曼的《狱中记》的人，不可不读这本比《狱中记》更伟大的圣书，不仅这书的每个字会像火焰一般点燃你的血，并且字里行间还跳动着一颗温柔的、敏感的、无所不爱的女性的心，它会使你流泪，它会唤起你的渴望。本书现由译者参照互有详略的英、法、德三种译本重译，明年出版。

《草原故事》

高尔基著　巴金译

据说做梦的人能够从海洋与陆地的材料中建造出一个仙话，能够从专制与受苦之混乱中创造出一个自由人的国土来。高尔基便是现今的一个伟大的做梦的人。这本《草原故事》是他的美丽而有力的仙话。译笔流利畅达，颇能保存原作的那种美丽，充满了渴望、忧郁的调子；同时还能使读者嗅到俄罗斯草原的香气。本书前在生活书店出版，现由译者收回重加校订，几与重译无异。而售价却较前减低二分之一。这是"文化生活丛刊"最近给读者诸君的一个贡献。

屠格涅夫选集：

《罗亭》

陆蠡译

屠格涅夫写了六部有连续性的长篇小说，用恋爱关系来表现人物的性格，描写当时在俄国陆续出现的青年的典型。《罗亭》是第一部。作者的作风，没有夸张，也没有幽默。清丽的文笔，深透的观察，同情的描写使得作者的小说近于完全，在这一点别的更伟大的作家也不能超过他。罗亭是个爱说话不做事、思想大胆、行为懦怯的人。他以他的热情的话语唤起了少女娜泰雅的爱情，却又拒绝她而逃避了。这是十九世纪四十年代俄国知识阶级的典型。然而最后罗亭在巴黎暴动中的牺牲给我们留下一个希望，而预言了新典型的产生。

《贵族之家》

丽尼译

《贵族之家》是作者的杰作。诚实、坦白的拉夫烈茨基已经不能满足于罗亭的空谈的生活。他投身在实际的活动里面,但他也不能在新的生活潮流中找着道路,而得到破灭的结局。他所爱的丽莎成了一般温柔、善良的俄国少女的最优美的典型。艺术的完整,人物描写的精致,与横贯全书的哀愁与诗的调子使这小说成了一件最优美的艺术作品。

《前夜》

丽尼译

《前夜》在内容的深刻上要超过《贵族之家》,而技巧的优美仅次于它。在爱伦娜身上作者表现了俄罗斯年轻女性的凄哀的美。她不仅善良,并且勇敢而有决断,所以她选择了保加利亚爱国者英沙罗夫做她的爱人。英沙罗夫不像罗亭,也不像拉夫烈茨基,他是个实行的人,而且能毅然地把解放祖国的责任担在他病弱的肩上。

《父与子》

巴金译

《父与子》是一部轰动世界的名作,在俄国曾激起大的骚动,且被认为十九世纪最伟大的小说之一。这小说描写着新旧两代斗争的悲剧。这是有科学思想和献身精神的新青年和保守传统的旧式贵族中间的斗争。作者第一次使用了"虚无主义"这名词,而且创造了一个典型的青年巴扎洛夫,这是一个不朽的典型。这个不肯在任何权威前低头的极端的个人主义者,被批评家皮沙列夫称为他的"最好的友人",

他的"母亲"。这小说虽然给作者招来许多误解,它却是作者最有力的作品。它的价值在于忠实地描绘了人心的深处,这在各时代各民族中间常常表现出来的。

《烟》

陆蠡译

《烟》是一部笼罩着灰色烟雾似的绝望的作品。在作者的著作中最具有世界性的一部。这小说表现了以后二十年中支配俄国官僚社会的浅薄与愚蠢,同时很成功地绘出了在这环境中长成的一个荡妇型的交际社会的女性(薏丽娜)。农奴解放后的反动时期中知识分子对于俄国前途的绝望充分地表现在这书里。这是一本讽刺的书,一本控诉的书,而且是一本自白的书。

《处女地》

巴金译

屠格涅夫最后的一部小说《处女地》也是最长的、最健全的一部。作者仿佛走着长远的路程,现在逼近目的地了。在这书里作者以他的惊人的直觉捉住了当时革命运动的最显著的特色,据说玛利安娜就是以女革命家薇娜·沙苏利奇为模特儿写成的,她和纯朴沉着的沙洛明,都是近于健全的性格。这小说里横贯着作者的最后的希望,浸透着作者对于革命运动的真挚的同情。这是一本伟大的书。这是一个预言。

《悬崖》

冈察洛夫著　李林译

《悬崖》的主题是"激情";但在人物描写这方面却和《父与子》相似。在这书中所谓"虚无主义者"马克的描写虽然成了一幅讽刺画，不能与《父与子》中巴扎洛夫相比，但女主人公薇娜却很完美地体现了旧俄罗斯少女的固有的美，成了一个光耀千古的典型，较《父与子》中安娜夫人更为成功。薇娜的祖母塔夏娜和表兄莱司基也是非常生动的人物。作者使我们跟他们一道笑，一道哭，一道顺着激情的发展生活下去。文章流畅得像水一般。而在一些动人心魄的篇页中，又含有使人颤栗的力量。至于伏尔加河畔优美风景与旧俄地主生活的卓绝的描写，那倒是不必提说的了。译笔流畅，且能传达原作风格，堪称名著名译。

《柔米欧与幽丽叶》

莎士比亚著　曹禺译

《柔米欧与幽丽叶》是一部伟大的典型的爱的悲剧，也是青年莎士比亚的抒情诗。

在风景如画的意大利蓝天之下，在风暖花香的南国月明之夜，在互相仇视的两个古老贵族家庭环境中，展开了热烈、坚定、强烈、不幸的爱：惟其热烈，所以它冲破了一切藩篱；惟其坚定，所以它在幸福和死亡之间找不到一条中间的路；惟其强烈，所以它把两颗年轻的心永远系在一起；惟其不幸，所以爱的陶醉之后紧跟着就来了死亡。德国戏剧作家勒辛格说这是他所知道的惟一的由爱本身完成的悲剧。

法国革命诗人G·朗道埃尔则赞美说不论在任何时代，对任何民族、任何阶级，这都是永远年轻、永远活泼的爱的悲剧。其中成为千古绝唱的阳台上的一景达到了莎士比亚青年时期艺术的极峰。

《憩园》

巴金著

这是作者最近完成的一部长篇,在这长篇里作者似乎更往前走了一步,往人心深处走了一步。这里没有太多的激动,使你哭我笑,然而更深的同情却抓住你我。我们且记着作者往日说过:他在发掘人性。我们也许可以读到愤怒,但决没有悲哀。该死的已经死了。爱没有死,死完成了爱。全书十余万字,定价六万元。

《快乐王子集》

王尔德著　巴金译

英国王尔德所作童话九篇全收在这个集子里面。王尔德的"童话"并非普通的儿童文学,却是童话体的小说。在这九篇童话里,作者仍然保持着他那丰丽的辞藻和精练的机智。英格列比认为:"这些童话表现得精妙绝伦,丰富的想象给每篇故事装饰了珠玉,作者有着驾驭文字的能力,每一句话都是经过熟思后写出来的,但同时却有着自发的动人力量。"

《安娜·卡列尼娜》

托尔斯泰著　高植译

继《战争与和平》那样的震人心魄的瑰丽史诗以后,托翁完成了《安娜·卡列尼娜》。从篇幅上说,它仅次于《战争与和平》;而它的艺术价值,却是托翁的主要著作的代表。《复活》倘说是托翁艺术上的一个遗嘱,那么,《安娜·卡列尼娜》便可以说是他的一部分艺术的财产了。小说一开始,便以抒情诗般的文字把我们慑住:恋爱的疯狂,凄苦情操造成的悲剧,从安娜认识佛隆斯基直到她投身于火车轮下,这整个故事是如此逼取我们的泪水。安娜,高傲、勇敢、受得了爱的煎熬，但终于在破碎的爱情中毁了自己。舞会、赛马、戏院和沙龙，都在列车经过的一瞬间完成了。——只有托翁，能写出这样的悲剧。环绕着这悲剧的，是一八六五年俄国社交生活的场面，和在另一主人翁列文身上显露的托翁自己的面影。

《六人》

鲁多夫·洛克尔著　巴金译

"人生的目的和意义究竟是什么？"

德国革命者洛克尔从世界文学名著中借用了六个人物和六个解答——六条路，来说明他的人生观，来阐明他的改造世界的理想。《六人》便是他对那个曾经苦恼着无数人的大问题的一个答案。

浮士德在书斋中探求人生的秘密；董·缓在纵欲生活中享乐人生；疑惑腐蚀了哈姆·雷特的生活力，唐·吉诃德的勇敢行动又缺乏心灵来指引，麦达尔都斯始终只想着自己，反而毁了自己；冯·阿夫特尔丁根完全牺牲自我，却也不能救助人们。

但是六个人最后联合在一块儿了。六条路合成了一条路。

新国土的门打开了。新的人踏着新的土地。新的太阳带着万丈光芒上升。

"充满希望的早晨，我向你敬礼！伟大的奇迹就要来临，时候到了！"

作者用这样的欢歌结束了他这本被称为交响乐的作品。

《春潮》

屠格涅夫著　马宗融译

屠格涅夫后期的小说《春潮》，是他作品中最流行的一部。它的题材和《烟》

相似，在这部作品中，作者也描写了当时俄国最时髦的交际花的典型，这是作者多年的企图，可是在《春潮》中才达到了最完美的艺术表现，所以英国巴林教授在他的俄国文学史中说："《春潮》是屠格涅夫最富有诗意的杰作。"

《春潮》的篇幅较少，结构却更完整。背景是在法国。作者描写了一个侨居法国的意大利家庭。俄国青年萨宁爱上了意大利少女吉玛。他们已经订了婚，可是婚约被他的友人之妻美丽的颇洛佐夫夫人破坏了。那是一个魔鬼型的女性，她同她丈夫打赌，她可以诱惑任何一个他带到家里来的男人。她一个一个地征服了他们，使他们变成她的奴隶，但是等她的激情一过，她又毫不怜惜地丢弃了他们。萨宁被抛弃以后，没有能回到他未婚妻的身边。他的幸福被毁了。他孤寂地度过了一生，而决定把他所有的财物作为遗产送给他真正爱过的吉玛的女儿。

《文学回忆录》

屠格涅夫著　蒋路译

对于热爱屠格涅夫的读者，《文学回忆录》真是珠玉般的作品。从这部充满自传意味的作品中，我们可以了解屠格涅夫，这位在当时不仅闻名于他的祖国的作家，他是怎样走上了成功的文学的道路。这本书的篇幅并不多，然而这里面却容纳了对于俄国主要作家和批评家的客观而正确的叙述。特别是回忆别林斯基的一篇，更使我们进一步认识了一个批评家的伟大。这是一连串的珍贵的回忆，而且，在某种意义上讲，它实在有着文学史的价值。

《亚玛》

库普林著　汝龙译

库普林的这部《亚玛》，代表了前期俄国文学的光荣传统，在后期俄国文学史上占着极重要的位置。陀思妥耶夫斯基在《罪与罚》中描写的索尼亚仍然活着。在这里，无数的索尼亚走着一样悲惨、可怜，并且是一样血腥、一样愚蠢的道路。这里面蕴藏着的时代意义真不知有多少深刻。类似索尼亚一样的典型，被发展，被扩大了；这里暴露的是公开的妓院，职业性的性爱行为，是亚玛地方几个妓院妓女们生活的全部。没有一种人类的真相如此可怕，而又如此真实；这生活的阴影本身所表现的，正是无情的真理。作者把握着这样一种人生精髓：一切人生的重负由作者通过所有肩着这重负的灵魂写出来，成为使人呼吸迫促、心魂战栗的悲剧。越逼近无情的真实，越显出可怕的真理，越直率，越动人。在作者笔下出现的不只是那公开绣房中的"姑娘"，还有不同身份、不同阶层的嫖客；读到恶心憎厌处的结果，对作者抨击的卖淫制度会热烈地起着共鸣。这是光芒四射的写实主义的杰作，有二十种以上的译文，曾销二百万册以上，被介绍到中国来，这还是第一次，但我们可以说这已是中译的定本。

《莫洛博士岛》

威尔斯著　李林、黄裳译

这是英国 H·G·威尔斯的一本小说。我们知道威尔斯是英国现代作家中的巨子。他的作品范围甚广。除了文艺方面的东西以外，他又是世界史纲的作者，也还有不少科学方面的著作。他写过七本有名的"科学小说"，如《隐身人》，那是传诵甚广的一册。这本《莫洛博士岛》，也收在他的"七本有名的小说"中间。照他自己的说法，这是比较最使读者感到恐怖与阴冷的一册。故事述说一个失事的海船上的乘客怎样走进一个荒岛，在荒岛上正有着一个被放逐了的科学家在做着"活体解剖"的实验。他将种种野兽加以解剖，结果它们都变成了"准人类"。然而根深蒂固的兽性终于不能消除，一旦复发，实验者就都做了可怕的牺牲。故事曲折动人，描写心理的转变过程，更有深刻的刻画，读之恍然使人如置身于这恐怖之岛，透不出气来。这虽然是一册所谓"科学小说"，然而，作者的智慧却给了它更深的意义，使我们想起这个疯狂的世界上发生着的种种泯灭人性的事实，更使我们记起威尔斯逝世以前不久，对一个访问者所说的话。访问者说："打击人类的野蛮容易，打击人类的愚蠢却难。"威尔斯回答道："但是现在人类的愚蠢却是统治了一切。"

《伪币制造者》

纪德著　盛澄华译

《伪币制造者》在纪德全部作品中占有一个非常特殊的地位；以篇幅论，它是纪德作品中最长的一本；以类型论，它是至今纪德笔下惟一的一本长篇小说；以写作时代论，它是纪德最成熟时期的产物。作者在小说中用了一种非常特殊的双重手法来衬托出两种互不相让的真理，艺术的真理与生活的真理，因此《伪币制造者》虽以巴黎社会为背景，它的真正题材却是"小说家如何把眼前的现实用作他小说中的资料所起的挣扎"。从这一个不能更小的锁匙眼中，作者却给我们提出了一个无限大的宇宙，从这种特殊的出发点，《伪币制造者》才被扩大成为一切问题的交道口。

作者过去的每一本小说都只发展了独特的一面，都只像是一部伟大的交响乐曲中每一乐器的独奏。但溪流江河最后总将汇入大海，而作者在《伪币制造者》中像是作曲家在他的乐曲中，突然抓着了他在追觅的综合乐旨，过去每一乐器的独奏，此时一齐加入在一切乐器的交响中，每一个乐器本身独特的音质只籍其他乐器而取得存在，每一乐器消失在全体乐器中，融合在全体乐器中，而形成全体的和谐。从这意义来说，《伪币制造者》可说是作为思想家与艺术家的纪德的最高表现。

施蛰存撰写的广告文字

《蜜蜂》

张天翼著

作者的文字,最近几年已成了文艺读者注目的鹄了,它有幽默风趣,而没有夸张。他所描写的现代中国人的微细行为,好像一柄解剖刀般的,能直刺入人们的心的深处。

《夜会》

丁玲著

丁玲女士失踪了,她留给我们的婉约作风,奔放于纸上的热烈的情感,真是抓住每个时代青年的心而使之奋起的。本集是她失踪前的最终的近作。

《公墓》

穆时英著

本书系著者与《南北极》同时所作,而体裁则完全相反。这位轰动中国文坛的年轻作者,实为一具有南北极之矛盾性的人,读过《南北极》者,本书亦必一读。

《望舒草》
戴望舒著

戴望舒先生的诗，是近年来新诗坛的尤物。凡读过他的诗的人，都能感到一种特殊的魅惑。这魅惑，不是文字的，也不是音节的，而是一种诗的情绪的魅惑。

《白旗手》
魏金枝著

作者是中国惟一的农民作家，本书各篇自然也是以农村的人物为描写的对象。简朴的风格，深挚的态度，经济破产后的惨状，都从作者笔下绘出了极深刻的姿态。

《失去的风情》
黎锦明著

本书计收近作十篇。黎先生的小说，是以冷静的笔致，写着现社会各型人物的姿态，微微带着一点辛辣的讽刺。正似一枚橄榄，于清逸之中，夹着一些苦涩。

《喜讯》
彭家煌著

著者是一个沉默寡言的人，自视极为严肃，所作亦一如其为人，是浓重而简练，有如北欧作家的作品。他也讽刺，也有冷嘲，但他的冷嘲是隽妙而带有一点苦味的。

胡风撰写的广告文字

《民族形式讨论集》

胡风选辑　华中图书出版公司版

民族形式的提出，是抗战以来文艺运动上的一件大事，它关系到文艺领域的各个方面，文艺运动、理论、创作、文艺史、大众化等等。问题提出以后，各方面的权威作家发表了很重要的意见，去年且在重庆引起一场论战，展开了一个大的理论斗争。对于这个文艺史上的大事件，它的内容是什么，它具有什么意义，发生了什么影响，它还有些什么尚未解决的问题，不但文艺理论家、作家急想了解，也不但一般文艺青年急想了解，而且文化领域的各方面人士也急想了解。但因为材料太多，且散于各处，苦于不易收集。本公司有鉴于此，约请胡风先生选辑成书，为问题的开展提供文献。胡风先生为了解这问题曾通阅全部文章，现择要辑成一册，问题的全部内容，即有条不紊地展开于我们面前。

《饥饿的郭素娥》

路翎著　南天出版社版

震动了大后方青年读者的中篇小说，为青年作家路翎的力作。美貌而贫困的郭素娥，"是这封建古国的又一种女人，肉体饥饿不但不能从祖传的礼教良方得到麻痹，倒是产生了更强的精神饥饿，饥饿于彻底的解放，饥饿于坚强的人生。她用原始的强悍碰击了这社会的铁壁，作为代价，她悲惨地献出了生命"。

这里"展开了劳动、人欲、饥饿、痛苦、残酷、犯罪　但也有追求、反抗、友爱、梦想所织成的世界，在那中间，站着郭素娥和围绕着她的，由于她的命运而更鲜明地现出了本性的生灵"。前冠胡风先生长序，对作者与作品有剖切的说明。

《民族战争与文艺性格》

胡风著　南天出版社版

这是胡风先生第三批评论文集，都十余万言。写作的期间约有四年，足见作家下笔之慎和构思之深。在这里，他指出了文化发展的特征和方向，他从最高的理论水准上解明了创作方法上的原则问题，他对于几种基本的文艺形式提出了扼要的指示，他对于革命文学的两大导师——鲁迅和高尔基，画出了最基本的特征　从实际问题引出了理论上的要求，所以理论是灵活的，既能引起读者对于理想的热情，又能使读者对于现实问题得到锐利的分析力量。

《追求者》

孔厥著

孔厥是抗战后出现的最优秀的小说家之一，一直置身于北方的战斗生活里面，所以内容是脱胎换骨的变革过程中最坚实的人生，表现上是不带一点纤弱味和夸张的朴实的风格。本集是从作者全部作品里选出的小说十余篇。

《青春的祝福》

路翎著　生活书店版

路翎先生的中篇短篇合集。作者抱着蓬勃的热情，向时代突进，向人生突进，在劳动世界的贫弱、残害、友爱、仇恨的合奏里，我们看到了时代的青春；在恋爱追求的痛苦＝忏悔、牺牲、梦想的合奏里，我们看到了人生的青春。但作者一贯地用着祝福的心，不但使读者感到炽热的时代的呼吸，更使读者得到对于人生理想和人生战斗的勇气。

《棘源草》

胡风著　南天出版社版

本书是作者的抒情的杂文集。一面抚伤，一面酣战。能掘出小事件里面的思想的根源，能剥开小花头下面的丑恶的本相。读《棘源草》，看得出一个士卒的刀光剑影，也看得见那挡路的、绊脚的、臃肿的躯壳。

《财主的女儿们》

路翎著　南天出版社版

约一百万字的大长篇。是抗战以来的小说文学中伟大的收获。时间自"一·二八"战争到苏德战争爆发，舞台由苏州、上海、南京、江南原野、九江、武汉以及重庆、四川农村，人物有七十个以上（这里有真的汪精卫和陈独秀），主要的是青年男女。这些人物如辐射中心，在这部大史诗里面，激盈着神圣的民族解放战争的狂风暴雨，燃烧着青春的熊熊的燃情火焰，跃动着人民的潜在的力量和强烈的追求。而且，作者是向着将来，为了将来的，所以通过这部史诗里面的那些激盈的境界、痛苦的境界、欢乐而庄严的境界，始终流贯着对于封建主义和个人主义的痛烈的批判和对于民族解放、个性解放的狂热的要求。这是现代中国的百科全书，因为它所包含的是现代精神现象的一些主要倾向；这是光明和斗争的大交响，在众音的和鸣中间，作者和他的人物是举起了整个的生命向我们祖国的苦恼而有勇气的青年兄弟姐妹们呼唤着的。前有胡风先生长序和作者自己的题记。

《蜗牛在荆棘上》

路翎著　新新出版社版

作者很擅长于描写工人生活。这里所写的是一幅半封建农村的恶果：一个被迫出征的农民和他的爱妻分手了，但他所得的却是恶毒的迫害和攻讦，以致使他激动、失常，几乎造成家庭的悲剧。

《生活唯物论》

舒芜著

青年哲学家舒芜的出现，在后方读者社会中造成了一个惊奇。他的每一篇论文都深深地刺入了现代中国的思想状况的要害，因而引起了广泛的讨论。本书是为青年读者写的一本哲学讲话，但却是用全力把最高的原则揭示了出来。因为是从现实生活要求提出问题的，所以毫无难懂之处。用小说式的对话体，活泼而生动，有很高的独创性。

《我是初来的》（七月诗丛）

胡风选　南天出版社版

这是《七月》里面不能单独成集的诗人的选集。这些都是一首至多两首的诗人，而且都是第一次和读者见面的诗人。但好像少年男女的初恋，这些诗都是最纯洁的真情。现在选成一本，有如一个花环，每一朵都现出特有的色彩，都发出特有的香气。共分五辑，各反映了时代精神的一种状态，一个方向。书前有胡风先生四千余言的长序。

《无弦琴》（七月诗丛）

S.M 著　南天出版社版

作者是持枪的诗人、流血的诗人、求真的诗人。他的诗，带着枪刺的闪光，带着鲜血的闪光，更带着求真者的爱爱仇仇的闪光。我们在这里接触了肃穆的诗的境界、严峻的诗的风格。

《旗》（七月诗丛）

孙钿著　南天出版社版

这是从最残酷、最现实的战斗里面发出的战斗的声音。但诗人的语言是那么的清新，诗人的胸怀是那么的坦赤，好像战斗对于他是最亲切的日常生活，这些战斗的声音好像是对于爱人对于慈父的倾诉。

《意志的赌徒》（七月诗丛）

邹荻帆著　南天出版社版

"你是意志的赌徒，以生命的孤注一掷。"为了斗争，为了理想，诗人想寻求孤注一掷的人生意义。他从一棵草、一朵花里面寻求，从一个战斗的人格或一个民族的命运里寻求。

《给战斗者》（七月诗丛）

田间著　南天出版社版

在中国的诗坛，作者是一个勇猛而矫健的闯将，由于他，先进人民的真实的灵魂才走进了诗里。本集是战斗以来的作者已发表未发表的全部作品的大选集，共分五辑，说明了时代精神的进展、作者战斗生活和战斗情绪的进展、诗的风格的进展。这里表现了先进人民的精神状态和路向。

《北方》（七月诗丛）

艾青著　南天出版社版

这是最能代表艾青的一本诗集。作者在这里用最纯真的语言倾诉了对于祖国、对于人民的爱，对于祖国解放的希望。诗人自己是农民之子，因而他的歌声是从广大的土地的深处发出的。

《醒来的时候》（七月诗丛）

鲁藜著　南天出版社版

天真的诗，沉醉的诗，美梦的诗，但诗人的天真、沉醉、美梦　是发芽于最艰苦的斗争里面，发芽于最现实的战斗者的坚韧不拔的心怀里面。诗人的歌声打开了我们更爱人生也更爱斗争的灵魂的门。从此，许多青年的诗人被启发了诗的灵感。

《预言》（七月诗丛）

天蓝著　南天出版社版

作者是个特别的诗人，他的热情是在战斗的思想里面锤了又锤、炼了又炼的，因为他所歌颂的是在时代洪炉里面烧过了结晶的人生。他的笔触带着铿然作响的锋利，他的风格好像是钢板上的发着乌光的浮雕。

《泥土的梦》（七月诗丛）

杜谷著　南天出版社版

深深地没入了土地的呼吸、气息、希望、欢喜，以及忧伤与痛苦，诗人才能够唱出了这样深沉的大地的歌。这样的诗，只有深爱祖国的诗人，善良到像土地一样善良的诗人，坦白到像土地一样坦白的诗人才能够唱出的。

《跃进的夜》（七月诗丛）

冀汸著　南天出版社版

诗人所唱的是战争的童年的情绪、社会的童年的情绪，这里面是纯洁的乐观、开朗的心怀以及醉酒一样的战斗气魄。在诗人的面前，一切都现出友爱的笑容，一切都发出亲密的声音，罪恶和污秽都销声匿迹了。

《童话》（七月诗丛）

绿原著　南天出版社版

如果童话是提炼了现实的精英而创造的世界，那么，童话式的诗是现实人生情绪的更美的精华。从星星，从花朵，从囚徒，从季节，从一种精神状态，从一个情绪的集章，而这些里面却都跃跃地跳动着时代的脉搏。

老舍撰写的广告文字

《牛天赐传》　　是本小说，正在《论语》登载。

《老舍幽默诗文集》　　不是本小说，什么也不是。

《赶集》　　是本短篇小说集，并不是去赶集。

《猫城记》　　是本小说，没有真事。

《离婚》　　是本小说，不提倡离婚。

《小波的生日》　　是本童话，又不大像童话。

《二马》　　又是本小说，而且没有马。

《赵子曰》　　也是本小说。

《老张的哲学》　　写山大王拜访侦探长。

《牺牲》　　写美国式的牺牲法。

《柳屯的》　　写一种女权的膨胀。

《末一块钱》　　写都市的晚间，少年的末路。

《老张的浪漫》　　写为儿子娶还是为自己娶。

《毛毛虫》　　写新时代的一种诅咒。

《善人》　　从私生活上看一位女善人。

《邻居们》　写不打不相识。

《月牙儿》　写一个穷女子的生活。

《阳光》　写一个阔女子的生活。

丽尼撰写的广告文字

《田园交响乐》

　　A·纪德著　丽尼译　文化生活出版社版

　　纪德的转变已经成为近年来轰动文坛的大事，因为，以四十余年的文学活动，纪德不仅是当代法国文坛巨人，而且是世界的作家了。纪德是有艺术良心的，追求光明和真理的艺术家。如今，纪德的眼睛是睁开了，然而，他是怎样从怀疑和苦恼的深渊之中跳跃出来？在《田园交响乐》中，纪德曾说道："没有眼睛的人是多么幸福啊！"

　　《田园交响乐》是艺术家纪德的杰作，是当代法国文坛一朵奇艳的花朵。

　　《田园交响乐》是以一个美丽而凄惨的故事包含着艺术家的深邃而苦恼的控诉。

《天蓝的生活》

　　高尔基著　丽尼译　文化生活出版社版

　　生活的黑暗，有能力而无发挥能力的人的无聊，知识阶级的苦闷、彷徨，如果不变成求神者，不变成疯子，就得变成鄙俗的市侩——这种悲惨的现实的主题，是特色了几乎所有帝俄末期的伟大作家的；在短短的中篇里，高尔基以稳健的笔触和深入的透视，不仅消极地给予那悲惨的现实以精彩的描绘，而且还积极地予以猛烈的鞭挞。这不是一本小书，这是"高尔基的书"。

陆蠡撰写的广告文字

《戈莱齐拉》

A·拉马丁著　陆蠡译　文化生活出版社版

在法国,拉马丁是家喻户诵的诗人,小孩子们都能背诵他的诗。他是普遍地被人深爱着的诗人中的一个。《戈莱齐拉》便是他童年时初恋的故事。篇中含蕴着诗人最纯洁最高尚的情绪。他将不留情的爱和自己的负责心都坦白地表现出来了。故事的本身也和它的形式一样是诗般的美丽的。译笔亦清丽婉约,传达诗人情绪,曲尽其妙,无异创作。

陈占元撰写的广告文字

《山·水·阳光》

  桑松著 陈占元译 明日社版

  是书包含《字的力量》《敌人》《白的兽物》《陌生女人》四个短篇，卷首附以一篇长的游记《文谷阿儿》。这是作者童年生活的回忆，几个极偶然的故事，使它在《山·水·阳光》里面悟到做人的真理。这幕大自然的景物，晚年的纪德读来，犹遐想自己能回到童年的时代，赤着脚，与作者同去领略一番。

《马来西亚的狂人》

  茨威格著 陈占元译 明日社版

  茨威格是有名的传记作者，他的小说也以心理分析见长。这篇小说写一个白种人因犯罪应征到荷属东印度当医生，在一段长的孤寂生活中间，遇到一个白种女人所引起的事件。用笔非常细致，丝丝入扣。罗曼·罗兰在卷首的序言里对茨氏的艺术作一番详细的介绍，并称这篇小说可以列于世界最清明的悲剧之林。

《夜航》

（法）狄舒贝里著　陈占元译　明日社版

纪德在序文中称此书兼具记事与文学的优点，书中主人翁都是为责任而忘却私情的英雄，但又非麻木不仁的生物，书中有极温柔的爱情描写。这是获得一九二九年法国龚古尔文学奖的作品。

《女人·女人》

（法）蒙特尔朗著　陈占元译　明日社版

蒙特尔朗是法国最大的散文家，有人把这本书比作十八世纪著名的《危险的关系》。这篇小说拟出作家与结婚的问题。作者的优点，诚如书中一个人物所说，能融合广泛的经验与深邃的思索。用笔如行云流水，在奇突与无心之中深合自然的法则。

叶至善撰写的广告文字

《昆虫世界漫游记》

扬·拉里著　黄幼雄译

这是一个有趣的科学故事，叙述两个孩子误喝了生物学教授的缩形药水，变得和跳蚤一般大小，到昆虫世界去漫游的经历。故事曲折惊险，对各种昆虫的生活习性也说得极其详尽。

作者是苏联有名的生物学家，他特地为少年们写下这个故事，把美丽的幻想和科学知识交织在一起。读者会一面被波澜迭起的情节所吸引，一面又可以获得不少关于昆虫和植物的知识。

《生命进行曲》

那维可夫著　陶宏译

你知道"进化"这个词吗？"进化"不是一个枯燥的生物学名词。"进化"是一首漫长的史诗，歌唱生物跟大自然斗争，求自由求解放的史诗。《生命进行曲》这本小书先向你提出进化的证据，再告诉你从一个简单的细胞进化到现代人的全部历史，最后指出人类今后进化的方向。文字简洁活泼，附有生动插图八十余幅。

《人怎样变成巨人》

伊林　谢加尔著　王汶译

在最古的时候，人类是大自然的顺从的奴隶。后来，人类渐渐能支配大自然，渐渐成为大自然的主人。所以能这样，因为人类渐渐掌握了大自然的规律；换句话说，就是科学知识越来越丰富了。科学知识不是凭空想取得的，它是人类劳动的果实，它的发展是有着社会基础的，是跟着社会的发展一同发展的。伊林和谢加尔早就计划写一部《人怎样变成巨人》，从古猿变成人类起，一直说到将来的共产主义社会为止，以社会的发展为背景来叙说科学的历史。按照这个计划，他们已经写成了连续的三部，第一部说到科学在奴隶社会初期的萌芽为止，第二部、第三部，跟着叙说在奴隶社会封建社会时期，新的科学如何跟旧的传统观念作斗争。其中的第一部，我国早有译本，因作者一再修订，现在根据最新的版本重译出版；第二部、第三部也已译完，不久将出版。

《地球的将来》

据说，地球将来会跟月亮一个样，成为一颗死的星球。那时候，地球上没有水，没有空气，当然，也没有生物。

这样说来，地球总有一天要毁灭的。但是这个话对现在来说没有什么意义。地球的毁灭，要在几千几百万年以后。咱们在地球上还能做许多许多事儿，还应该做许多许多事儿。

关于地球最初是怎样的，它怎样长大，怎样衰老，在开明书店新出版的《地球的历史》那本书里，有着系统的介绍。

没有钟成个什么世界？

你有没有想过：钟面上的两根小针对我们有多大的意义？它们一圈一圈地旋转，像永远走不到尽头的旅客。它们一声不响，却有力地指挥着一切的人，管理着一切的人，谁也不能逃出它们的掌握。

你有没有想过：没有钟会成个什么世界？学生早上不知道什么时候该上学校去；上了课，教员又不知道什么时候下课；工厂里的机器有些太快，有些太慢，全弄得乱七八糟；火车不能按时刻表开行，就要出大乱子，轮船不能依据时计推算行程，一定要迷路……你可以讲许多糟糕的事，会在没有钟的世界上发生。

然而世界上的确有一个时期没有钟，什么钟都没有。人们过日子非分清时间不可，他们只好想出种种方法来测量时间。这张图画里的人就在用脚步来测量时间，他量出那根石柱的影子有几步长，就可以知道白天的时间。早晨影子长，中午最短，傍晚又变长了。这当然很不方便，晚上不能量，下雨不能量，而且量出来的也只是个大概。

所以有很多聪明人来思索，来研究，发明种种较好的方法。经过许多年代，费了无数心血，才有今天的钟。你想知道这些事情，请看开明书店出版的《几点钟》。这本书又名《钟的故事》，用轻松有趣的笔调，告诉你各种关于钟的事情。

曹辛之撰写的广告文字

《纪德研究》

盛澄华著　森林出版社版

纪德今日已被公认为法国乃至全欧洲最伟大的作家，他代表了以文艺复兴为传统的西欧文化演进中最后也是最光荣的一环。这一位七九高龄的当今文坛宗师至今仍坚贞地操守着他一生为人与为艺术的态度。他的真诚与"为良心自由，独立，反奴役"的信心使他成为今日最卓绝的中流砥柱，与一切努力的实用主义式的"现实主义"相对抗。他的作品在全世界乃至贫困的中国都已有严谨的译本，且产生很大影响。他属于蒙田以来那种人性而柔和，且又无微不至的散文传统，他的"我"，丰富而亲切，虔诚而舒卷自如，最足阐扬法国清明的人性批评传统。和马拉美一样，他是朴素的道德家；另一方面，他又和勃郎宁、勃莱克、尼采、陀思妥耶夫斯基紧凝成一支坚强的反中庸常识的精神血统。他是本世纪最好的沉思工作的修士，也是发展广大的人类爱的人性主义的落日，辉煌无比。本书作者盛澄华先生与纪德有十余年的深厚友谊。本书是他多年来研究纪德所发表的论文结集。作者论纪德，也和纪德自己的散文一样，亲切和煦，使人翕然同化，无能抗持。书末附未经发表的纪德致作者书简十四通，尤为名贵。对酷爱当代文学的读者，这部书是特别值得推荐的。

《创造诗丛》

臧克家主编　星群出版公司版

这里的十二位作者的年龄、出身、职业都各不相同，他们的诗的题材和技巧也都各异，有的像冬天的炉火使人温暖；有的像和煦的春风使人旺生；有的像大海潮汐，黎明的鸡声或早号，使人奋勇鼓舞；有的像一只放出去的信鸽，寄托了善良暖和、向上的一颗真心。今日中国的诗坛，一次出版十二种这样丰富多样的诗集，恐怕还是第一次。它的问世，实为每一个爱好新诗和学习写诗的读者们最大的喜讯。

本书前并有主编臧克家的序文，给读者在阅读时对作品的理解上尤多帮助。

《手掌集》

辛笛著　星群出版公司版

作者从事新诗创作已有十余年，凭着他对人生体味的深切入微，凭着他湛深的修养和熟练的表现手法，使他的诗有一个独特的风格，无论是他的一个短叹，一声微笑，甚至一点怅惘与希望，都觉得亲切动人，像从自己发出的一样。他的诗里没有浮面的东西，没有不耐咀嚼的糟粕，他把感觉的真与艺术的真统一成一个至高至纯的境界，使人沉湎其中，低回而忘返。他那柔和清新的笔触，对于遣词使字和内在的节奏都是十分完美的。本书是作者一九三一——一九四七年间所作诗歌的结集，在不同的时间与空间里，我们可以感到一个诗人灵魂的颤巍与演变。

《受难者的短曲》

  方敬著　森林出版社版

  作者描写过不少中国最好的新抒情诗，这里的诗都是他最近所写的圆熟之至的作品，平凡得出奇的小花草，大大小小全是受难的中国人的心声。

《风景》

  田地著　森林出版社版

  他有一份幼小者的无忌的初心，在这薄薄的都市里，无所顾虑也无所渲染地抒写着他的"风景"，虽仅是一些浮光掠影的浮世绘，但却颇质朴可喜。

《捧血者》

  辛劳著　森林出版社版

  辛劳是一个呕血写诗又呕血而死的诗人，本书是他传扬一时的名作，有着真诚的浪漫蒂克的热情，曾使一切真诚爱国者的灵魂为之战栗不已的。

《火烧的城》

  杭约赫著　森林出版社版

  他的诗正如毕加索的画，是多方面的，有各种不同的色彩与传奇的组合，有的明白如话，有的晦涩艰深，但都能有交错的思想的形象隐潜在脉叶里，字字都经锤炼。

《交响集》

  陈敬容著　森林出版社版

  作者的诗全是智慧的火花，透明澄澈的水纹，晶莹耀目如露珠，更像几何画中的轨迹,一点一线就能引出一个宇宙的觉识,一丘一壑全能动人于衷。

《渡运河》

莫洛著　森林出版社版

本书是一个斗士在运河周围的战斗旅程中的感情记录,对战斗的运河有一个光辉而全貌的抒写,凝练、矜持中极高贵的浪漫情趣。

《诗第一册》

唐祈著　森林出版社版

他可能是中国最好的游吟诗人,在游牧人回教徒中间,在乡村与都会里面,全能意态自如地抒唱出最能感人的抒情诗。他的诗,有如沙漠中的清泉会使人心醉。

《英雄的草原》

唐湜著　森林出版社版

这是首史诗型的长诗,一个虔诚的理想主义者的寓言。作者具有一份宏大的气息,一份可惊的浪漫蒂克的力量,波澜万丈,使人迷晕又振奋。

《发光的年代》

任钧著　星群出版社版

这是诗人在那发光的年代,用那发光的心去感受,用那发光的笔记录下来的一些诗篇。

这些诗篇的节奏是急激而雄浑的,有如狂风暴雨,万马奔腾。这些诗篇的风格是单纯、朴素、平实的，有如纯真的丽姝，决不无病呻吟或是吟风弄月。它们是进军喇叭、冲锋的刺刀，它们是火血交流的现实画幅，它们是大时代的交响曲！它们是发光的诗篇，将与发光的年代同为人们所记诵。

《中国新诗》

森林出版社版

我们是一群新诗工作者，衷心地热爱生活，并想由生活写出真挚的诗。现在我们是生活在历史的激流里，我们希望能有一番挣扎、一番坚持，对生活与诗艺术的创造有所突破，有所进展，也有所完成，在伟大历史的光耀中，奉献我们这份渺小、然而是庄严的工作。

这里，我们在艰苦的现实环境和低劣物质条件下出版了这个诗丛刊，以青年人的坦率的虔诚作自觉的创作与认真的绍介。我们在生活的感受与思索里迎接这时代的呼唤，在真诚的语言里表现一个"人的时代"的风格，同时也愿团结众多的诗工作者作共同的搏求与努力。

《泥土的歌》

臧克家著　星群出版社版

本书是作者从深心里发出来的最真挚的声音，其风格的淳朴、隽永，作者在这里创造了最能适合于表现自己的新的形式。

《牛郎织女》

吴祖光著　星群出版社版

这个幻想出来的故事是动人的，美丽的，像个迷人的梦，是所有的青年人都爱听的。曾在各地演出，为千万观众所赞誉。

《莎乐美》

王尔德著　胡双歌译　星群出版社版

故事生动，结构谨严，辞藻美丽。作者想象力的丰富，在当时艺术领域中，完成了惊人的创造。书中并附精美插图十余幅。

《北忘园的春天》

骆宾基著　星群出版社版

包含着十个不同的故事。作者朴直而细腻的笔调，通过那平淡而富于色彩的场面，来刻画生活在旋转的现实风暴里的人们。

《一个人的一生》

鲁斯萧曼著　星群出版社版

这是一个德意志画家所作的连环画，在作画的技巧和表现的手法上，都有辉煌的成就。

《诗创造》

星群出版社版

从荆棘的路上走过来，从辛酸的日子里走过来，今天，在全国广大的读者支持下，《诗创造》终于在挣扎里出满了十二辑。时代在激荡，现实形势天天在变换，人们对生存的要求是那么迫切，使我们更感到从事诗工作者的负担。我们要突破周围窒息的气氛，我们要面对血肉淋漓的战斗，我们要以艺术的光辉来照耀人生。从第二年起,我们对原有的编辑方针将有所变更,以最大的篇幅来刊登反映现实的明快、朴素、健康、有力的作品。我们要和人民的痛苦与欢乐呼吸在一起,并使得诗的艺术性和社会性紧密地配合起来向更高度的统一发展。

文化生活出版社的广告文字

《文学丛刊》

  巴金主编

  我们编辑这一部文学丛刊,并没有什么大的野心。我们既不敢扛起第一流作家的招牌欺骗读者,也没有胆量出一套国语文范本贻误青年。我们这部小小的丛书虽然也包括文学的各部门,但是作者既非金字招牌的名家,编者也不是文坛上的闻人。不过我们可以给读者担保的,就是这丛刊里面没有一本是读者读了一遍就不要再读的书。而在定价方面我们也力求低廉,使贫寒的读者都可购买。我们不谈文化,我们也不想赚钱。然而,我们的文学丛刊却有四大特色:编选谨严,内容充实,印刷精良,定价低廉。

《夜未央》

  廖抗夫著 巴金译

  《夜未央》是波兰革命者廖抗夫的处女作。这剧本描写二十世纪初年俄国革命者的奋斗和牺牲,非常深刻而动人。一九〇七年在巴黎艺术剧场上演时,曾给欧洲思想界以极大的冲动。公演之夜全体观众有若着魔发狂。连演百余次,卖座不衰。批评家一致赞美,推为"不朽的名作"。《巴黎日报》记者说:"这是一本很简单、很可怕、很动人的剧本 你们自己去看罢,我担保你们会被感动的。"《巴黎时报》记者说:"我们看了《夜未央》,我们不能够拍掌喝彩,我们只有顿脚。我知道这种热诚一部分是由于神经紧张的缘故。然而在我们所感觉到的兴奋之中还有一种更崇高的要素。"本剧前有李石曾先生的旧译本,由巴黎世界社出版,曾风行一时。不过旧译文过于简略,且有删改处所。我们现在刊行的是巴金先生的新译本,书内并附有插图多幅,都是在巴黎公演时的剧照。

《浪子回家》(一)

纪德著　卞之琳译

本集包含《纳蕤思解说》《恋爱试验》《爱尔阿度》等各篇,均为名作。纪德的文章为诗与思想之综合,微妙深刻,既美丽复多哲理。译者卞之琳先生,以富饶诗意的笔调来译这样的作品,可以说是最适合的。

《雷雨》

曹禺著

《雷雨》是曹禺先生的第一部剧作,发表以来,轰动一时,各地竞相排演,开未有之盛况。两年以来,《雷雨》支持了整个中国的话剧舞台。我们可以说,中国舞台,是在有了《雷雨》以后才有自己的脚本。全剧共四幕,前有序曲,后有尾声,都十余万言,煌煌巨制,可入希腊古典名作之林。现已译成英日各种文字,备受国际推崇。

《日出》

曹禺著

"《日出》在我所见的现代中国戏剧中是最有力的一部。它可以毫无羞愧地与易卜生和高尔斯华绥的社会剧杰作并肩而立。作者心灵有着预言者的激动，他看到了当前社会机构整个的腐烂，人类的贪婪，残酷，虚伪，忌恨，不公……这剧是对着籍投机和剥削而存在的整个寄生的社会机构下了一个严厉的攻击……"（H. E. Shadick 氏之评语。）

《人与地》

邵可侣著

史地一类书籍各大书店出版的至少也有千余种，有的是专家的著述，有的是通俗的教本，但像《人与地》这样综合史地的著作，在中国却是第一部。《人与地》的出版不仅在中国，甚至在全世界的学术界中也放射了永不磨灭的万丈光芒。这部巨著是适应千千万万读者的需要而产生的。著者邵克侣是近代法国大社会学家和历史学家，他那崇高的人格和渊博的学问曾博得千万人的景仰。《人与地》便是他的人格和学问的结晶，是太阳一般的不朽作。在这书里他用最谨严的科学方法，叙述人类的起源，社会的进化，民族盛衰的因果，世界进化的途径，把历史和地理两个不可分的学问部门熔于一炉，以整个的观念指示读者。思想自然是明锐的，态度自然是公正的，立场自然是坚实的。原书文笔生动，异常感人，与一般枯燥乏味的学术巨著完全不同。译者精通法文，对于邵氏学说及史地科学均研究有素，积多年之心得，费五载之长时间，方将此书译成中文。译笔严谨，一字不苟，再四易稿，务期完善。书成后复由吴克刚先生详加校阅，益臻完美。

《山灵》朝鲜台湾短篇集

胡风译

这里包含六个短篇,都是经过精心的选择,由朝鲜和台湾(地区)现代作家中挑选出来。被压迫、被剥削、被宰割的殖民地民众的真实情形,在这些短篇里有着极透彻的描写。尤其因为我们目前所处的境地已经和这些作品里所描写的相差不远——也许更甚——所以,这些作品对于我们中国的读者是更为亲切,更有感动力量的。

《桃园》弱小民族短篇集

茅盾选译

介绍弱小民族的文学,并不是容易事。第一,对于那各个民族的生活和它们的文学,就须有深入而广大的认识。在中国,担任这工作的只有少数的几人,就中茅盾先生的成就,尤其是值得赞赏的。这里十五篇短篇(土耳其一,荷兰一,匈牙利三,克罗地三,罗马尼亚一,新希腊二,波兰一,斯罗伐尼一,秘罗一,阿尔及尔一)是茅盾先生近年来继《雪人》而后在这方面的努力的总结,选译既极精审,具见苦心,译笔尤其生动活泼,字字传神,为原作增光不少。

《死之忏悔》

古田大次郎著 伯峰译

这是一个二十六岁的青年在死囚牢中写的日记。作者因"大阪事件"触日本国法,身死绞刑台上。在举世滔滔的浊流中,作者决不是时代的牺牲者。作者的死与耶稣之被钉十字架,苏格拉底之仰药,实有同样的意义。作者如他的父亲所说,有一颗"厚于人情连猫犬也爱的纯美的心",却不幸犯了杀人的罪。

作者解释他杀人的动机是：为了爱。作者对他父亲说："为了真实的缘故只得不顾亲之泪与肉身之血做下去了。父亲呵，请给有理解的爱与你的儿子。"这样正如《灰色马》中的英雄弗尼埃说："我的血使我痛苦。"古田大次郎的日记《死之忏悔》也是一部血和泪的结晶。而且这还是一部震撼每个青年的灵魂的"圣书"。至于文笔之清丽，思想之深刻，表现之沉痛，那还是余事了。原书数万言，现由伯峰先生择要译出，又经巴金、陆少懿两先生根据原文删改增补，益臻完善。

《雪》

巴金著

这是巴金先生前年写成的长篇小说，最近经作者改订交本社刊行。全书约十二万字，描写一群在贫困的鞭挞下苦苦挣扎的人们的生活及其悲剧的结局。这里展开了牧歌、悲剧与斗争的全景。一方面是庄严的工作，一方面却是荒淫与无耻，而将这两者一起收进这书的是作者那一管蘸着血与泪的笔。这是一本值得一读的好书。

《第三代》

萧军著

萧军先生以《八月的乡村》获得了广大读者的赞赏。现在他又将他的第二部长篇《第三代》问世了。这是东北生活的又一面。这里不仅展开了东北农村的全景，而且给我们发掘了真实的农民的灵魂。至于场面的雄伟、描写的深刻，甚至还要超过《八月的乡村》。

李健吾剧作三种

《新学究》 李健吾先生的喜剧在中国剧坛里是堪夸独步的。我们固然有了不少的剧作篇，但成功的喜剧却不多见，而且更没有一个剧本像李健吾先生的作品那样富于技巧。《以身作则》曾博得数千读者的赞赏，证实了李先生的成功。这本《新学究》是李先生最近写成未经发表的杰构，在内容与技巧两方面都超过了《以身作则》，而且手法之高妙简直可以追踪莫里哀的名剧。无疑这是今年中国剧坛里优美的收获。

《母亲的梦》 这是李健吾先生最近的戏剧集，包含《母亲的梦》和《老王和他的同志们》。作者的剧本，每篇都有丰富的舞台性，同时也一样便于阅读。这是从事舞台工作者和一般的读者都不应当放过的一本戏剧集。

《以身作则》 以莫里哀的手法，描写中国地道生活，对话轻松隽永，人物讽刺活泼。像这样的喜剧，中国还不曾有过。我们可以说，作者是用了这一剧本来建立中国喜剧的基石的。

《猎人日记》

屠格涅夫著　耿济之译

这是屠格涅夫的成名作，因为这巨著，屠格涅夫才成了十九世纪的文学巨人之一的。所写的虽只是乡村的琐事，但要说农奴解放是种因于这部著作，也决不夸张。那性格的把握，风景的描写，到如今还是俄国古典文学中的宝藏。译文是直接从俄文译出，经过多次修改，然后才成现在的定本的。

《谷》

芦焚著

短篇七篇。作者有他特殊生动的笔调，清鲜的气息，在他的笔下，一切都闪着光彩，使你张不开眼。无论什么题材，一经作者处理，便都出落得不同凡响，而同时，显出它们的真实和深刻来。

《画梦录》

何其芳著

"何其芳先生　生来具有一双艺术家的眼睛，会把无色看成有色，无形看成有形，抽象看成具体　他把人生里戏剧成分（也就是那动作、情节、浮面、热闹的部分）删去，用一种魔术手法，让我们来感味那永在的真理，那赤裸裸的人生本质。"（《文学季刊》评语）

《鲁迅书简》

许广平编

大家所切望的《鲁迅书简》现已由许广平先生编成付印，不久就可和读者诸君相见了。鲁迅先生给朋友的信是多方面的，现从各方面珍藏的遗札中，选出一部分，照原迹印成书。因为是原迹影印，使人见了更有一种亲切之感。内容方面有治学方法，谈翻译，论新诗，说木刻，文坛情形，关于出版界，病中通信等，读之不啻一本好书，而且对于鲁迅先生可得到更深刻的认识了解。本书版式为十六开本，共分三种。甲种用重磅铜版纸印刷，真皮脊布面金字金口，储以坚韧纸函；乙种用上等海月笺印刷，双丝线装订磁青纸面，储以蓝色布函；丙种用特种米色印书纸印刷，硬纸面布脊银字。

《浪子回家》（二）

纪德著　卞之琳译

本书包含六篇解说，谈象征，谈恋爱，谈信心，谈国家观、慈悲心、超人格的冲突，谈幸福的不可强夺，谈发扬个人与归依传统，意思深刻，表现方法不是用枯索无味的论文，而是写得有的像散文诗，有的像小说，有的像戏剧，有一篇则完全是自由体剧诗。思想家与艺术家在这里完成了一次极好的合作。法国批评家苏岱说这是纪德作品中最"美"的一部书。

《伊兰尼亚与不达米亚》

邵可侣著　郑邵文译

世界的史地从伊兰尼亚与不达米亚叙述起，这是著者独到的见解之一。这两个西亚的地域，不但是我们祖先的发源地，而且为我们一切知识的原始核心，溯本追源，我们对于它们怎能不生子孙参谒祖地一般的虔诚哩！

普通的史地书籍，总以连篇累牍的固有名词，惹人厌恶，以似是而非的传统事实替帝王将相作家谱。邵氏此书，则绝无这些流弊，他将普通史书所载的要人事略，作一简表，列在卷首，使人一目了然，而将一切缔造艰难的文化功绩，还给一向被压迫被遗忘的劳苦民众，立论新颖，文字生动，使我们读了此书，如坐着听了老人讲述有趣的故事一般。

《死魂灵》果戈理选集

鲁迅译

本书是苦心经营、六年才成的巨著，为俄国写实主义战胜浪漫主义的纪念碑。中国向来只闻其名，今始由鲁迅先生译出，文笔锋利生动，顿时风行，重版七次之多。

《密尔格拉得》果戈理选集

孟十还译

这是俄国写实主义之父奠定了自己的文学基础的作品，以浪漫的才能和写实的志向，织成了灿烂的奇观。现从原文译出，不但介绍了伟大的作品，也证实了复译之必要。

《春琴抄》

谷崎润一郎著　陆少懿译

谷崎润一郎氏乃耽美派的巨匠，有日本王尔德之称，他善于描写变态的人生，《春琴抄》是他最近的杰作。本书包括三篇。第一篇为创作，即《春琴抄》，写一女盲音乐师与其爱人之关系，并穿插以近百年来日本商人的生活及意识形态。第二篇《春琴抄后记》为创作谈，表明他近年来创作的态度。第三篇《寄与佐藤春夫述过去半生的信》为作者的自白，赤裸裸地表白他对于人生、对于恋爱、对于文学的态度。

《枯叶》

林美芙子著　张建华译

林女士是现在日本自然主义的中坚作家，她在其祖国已占有确固的地位。文字优雅婉丽，富有诗意。本书所选各篇是最动人而且也是她认为最满意之作。

本书包括四篇：第一篇《爱哭的鬼头》叙一少年，父亲死后，母亲随新欢私奔，弃少年不顾。而他却依然思慕其母只身往寻，被载货汽车碾伤。第二篇《牡蛎》、第三篇《枯叶》叙两性间之纠葛。第四篇《我的履历》为作者之自传，关于其私生活与从事文学之经过，信笔书来，毫无隐讳。

《舞姬》

森鸥外著　林雪清译

森氏主张艺术至上主义，与夏目漱石同为反自然主义的泰斗。他对于中德文学造诣极深。文字平明冷静，带有浓厚之贵族气味。本书所撰二篇为其全创作中之代表作。

第一篇《舞姬》系叙述国际结婚的悲剧，以恋爱为线索，写出人生的一面。第二篇《性生活》系叙述自童年至青年之性的生活，作风近似自然主义，盖作者意欲表明自身虽反对自然主义，然采用自然主义手法，其实力亦不在自然主义作家之下，初曾被禁。佐藤春夫氏讥日本政府只能看见所述之性的方面，而看不到其中之哲学方面云。

《秃秃大王》

张天翼著

张天翼先生以新的作法写出的童话这不算第一部，而内容之优美，文字之滑稽，《秃秃大王》允推为上乘。书中人物故事，使你读了：始则会苦于对呻吟于秃秃大王压迫下的弱者之爱莫能助，终至于拍案叫快，有如炎暑饮冰凉入心骨的舒适之感。本书为培育儿童正义感的最佳读物，而文字之活跃，描写之离奇，更为余事。

《远方》

盖达尔著　佩秋　靖华译

《远方》不是一本平常的作品,这是可以与鲁迅先生译的童话《表》媲美的名篇。在这作品里作者盖达尔用他的美妙传神的笔绘出了俄国乡村生活的图画。他还写了乡村改革中的纠葛,尤其是儿童的心情,好奇,向上,写得真实、生动而有力。法捷耶夫曾誉为少年读物的名作。译者是在翻译界极负盛名的曹靖华先生等,译笔流畅而有力。这是我们今年对于少年读者的一个好的贡献。

《角落里》

刘钝安著

读过《表》和《远方》的人也应该读一读这本小书。这里写的也是乡村生活,也写了儿童的心情、好奇向上等等。这本小书虽然不能与苏联大家的名篇相比,但对于我们却有更深的意义。从这一"角落"我们可以看出在外力侵略下我们的农村的全景。人物是我们所熟习的一些小孩,他们具有着新鲜的精力和勇气,在绝望中找寻生路。这可以说是我们自己的书。

《麝牛抗敌记》

董纯才著

董先生是翻译伊林名作的纯才,伊林的掀动世界的科学故事成为中国读书界的切要的读物,这不能不说是董先生的丰功伟绩。并且,董先生自己也深受伊林作品的感动,译事之余,动笔试为写作几篇动物的故事,竟然仿佛是伊林的原作,这不能不叹服董先生的惊人的成功。这册《麝牛抗敌记》便是董先生充满着伊林风格的动物故事的结集。说董先生是"中国的伊林"也当之无愧哩。

《人体旅行记》

索非著

索非先生不常写文章，但一写就像一块大磁石一样吸住了广大的读者，凡是读过他的医学小品的结集《疾病图书馆》（开明书店出版）的都能够作这见证。如今这部《人体旅行记》仍然是用了文学的结构、通俗的笔调写成的关于生理学方面的创作，是枯燥乏味的科学材料变成平顺易读的趣味的一般读物，这是先生对于我读书界的伟大贡献。本社商得作者的同意，允归本社发行，这不能不说是本社的荣幸。

《苦难》

沙汀著

谁也不能否认沙汀先生是中国前进作家中最杰出的一个。我们已经出版了《土饼》和《航线》，现在又把作者的第三个短篇集贡献给读者。作者的小说素以结构谨严、描写深刻见称于中国文坛，博得各阶层人士的激赏。在这本《苦难》里我们更看出作者艺术的精进而逼近最高的完成了。这样一本著作，我们不应该把它轻易放过。

《儿童节》

罗洪著

作者是女流作家中写作范围最广的一个。她的每一个短篇都有深长的意味。清丽的文笔、细致的刻画是作者的最大的优点。一部分人赞赏她的小说，不是没有原因的。这是作者精选的一个短篇集，包含《儿童节》等篇，我们很高兴地把它推荐给爱好纯文艺的读者。

《憎恨》

端木蕻良著

端本蕻良继萧军之后出现于中国文坛，是一九三六年值得特别注意的一件事。他在各刊物上发表的短篇已经引起批评界和读书界一致的注意。这是他的第一个短篇集。写的大半是失去土地的人民的生活与斗争。作者以他特有的雄健而又"冷艳"之笔给我们绘出了伟大沉郁的原野和朴实坚强而有血有肉的人民。这是一本有力的书。

《山径》

白文著

这是一个中篇和一个短篇的结集。在中篇《山径》里，作者不只写出那嵯峨的山路和袍哥的行径，还写出来他们也希望一方安乐土，做一个安分的百姓，可是他们得不到，终于还受了同路而不同帮的暗算，所以为首的最后吩咐："宁可让他不仁，我们不能不义。"一个个地死了。作者的手法是新奇的，尤其在对话上，获得极大的成功，不只是流利，富于地方色彩，还流出来每人的个性，读到的时节，仿佛就有那样的一个人在面前闪着。

《砂丁》

巴金著

《砂丁》有点像《雪》。故事发生在辽远的地方。人物是一群在皮鞭和枪刺下面宛转呻吟的砂丁。这里没有牧歌，没有欢笑，有的只是艰苦的工作。空气是沉重的，景色是阴暗的。但是贯穿全书的求生的呼号像雄鸡的啼声一般在寒夜里洪亮地响了起来。这不是一本消遣的书，你读它，它会打动你的心。

《路》

　　茅盾著

　　茅盾先生所作小说,描写学生生活的,仅此一种,不但故事纵横恣肆,人物各尽其态,且为整个青年界指出一条应该奔赴的大路。新版发行,经过先生重新修订,益臻完美,售价也较旧版减低一半有余。

《星》

　　叶紫著

　　以一九二七年的大革命为背景,从一个女子的遭遇写出了整个时代的种种变动和它所给与的宝贵的教训。初发表于《文学季刊》时,即得到读书界热烈赞许,认为稀有的杰作;兹复由作者重加增补,益臻完善。它不但能鼓舞读者的心灵,也增大了读者的认识。

《烟苗季》

　　周文著

　　这是未曾发表过的一篇约十五万言的长篇小说,里面所写的是北洋军阀时代在一个边地的军队中矛盾的生活。作者描写着那些无知、腐败、互相争夺冲突着的人们,刻画他们的心理和性格。以二十多个人物,展开密接紧凑的画面,是年来长篇小说的力作。

北新书局的广告文字

《苏曼殊全集》

柳亚子编

曼殊大师是旷代的薄命诗人,他的天才的卓越,词藻的绮丽和情感的丰富,凡稍读过他的作品的人都可以同样的感觉到。他的诗集是我们最近百年来无二的宝贵的艺术品。他的译品是真正教了我们会晤异乡的风微,他的说部及书札都无世俗尘俗气,殆所谓"却扇一顾,倾城无色"。现经柳亚子先生广为搜辑,遂成此集,为曼殊作品之最完全者。分为曼殊著作及附录两部,装订成五册,前三册是曼殊自己的作品;附录两册,是曼殊友人寄赠哀悼之作及后人研究曼殊的文字,内容与插图尤为丰富,凡爱曼殊作品者,不可不手置一编也。

《马尔达》

钟宪民译

《马尔达》是波兰女作家奥西斯歌的一部杰作,出版后引起了世界的注意。全书描写一个孀妇的生活。她为了要教养她的一个惟一的四岁的小女孩,茫然的到社会上去找寻职业。以后是如何的受社会的窘辱,如何受饥寒的浸蚀,如何忍受着苦役，如何乞助于人而遭人的白眼，如何为救她的小孩走到最后的一条道路——偷窃，终结了她自己的生命，读者看了会知道的。全书描写女子的心理，无微不至，那阴沉郁暗的空气，布满在读者的周围：哪个人能读了它而不为她黯然、茫然呢！实在的，这部书不独在文艺上占崇高的地位，有不朽的价值，就是在妇女和社会问题上，也是一部值得研究的著作呢。译笔精细优美显示出了原著的伟大的精神。

《睡美人》

贝罗著　韦丛芜译

这是一本包含几个短篇故事的童话集。巧妙的叙述，神怪离奇；优美的笔调，变幻曲折。里面有天仙般的女郎，有天堂般的皇宫；使人陶醉，使人神往。那种超自然的描写，能使人忘掉现世生活的苦痛。不但能使儿童们读时得到极大的快乐，就是成人拿来读时，也会飘渺得如同在梦里一般呢！

《蝴蝶》

许钦文著

这个集子是十个有着关连的短篇，作者在叙文中说：我不是个无情者，我的显不出我的情爱，只是为着环境的拘束，挣不脱这拘束，是所受心之创伤未愈，现在无论如何，心所爱想的总得想，既然想着了总得写出来，尽量的写出心中所蕴蓄的爱情的结果，便成了这个集子。有两句诗代序："窗前飞过花蝴蝶，游丝一缕任风飘。"可见作者下笔时的心情和含义。

《西湖之月》

许钦文著

这是个长短篇,前半篇重在一般青年在西子湖遭厄运的描写,后半篇是写一种恋爱的经过,夹写新思想和旧礼教潜在势力的冲突,很新颖,实情却是很普遍的了。语多诙谐讥刺,揭示着许多新旧间冲突的重要问题。作者郑重著笔,是一部极精练的作品。

《若有其事》

许钦文著

这由十四篇短文集合而成,是作者于《幻象的残象》付印后继续在杭州写的;其中有着恋爱的故事,有着杀人和被杀的记载,也有着好些变态心理的描写,好些取材于自号革命青年其实原也是劣根性非常丰富的小资产阶级的。除《狼叫的羊》《牛头山》和《鬼白》形式略异,正如大半年来西子湖滨常可见到的情形。末篇《伏中杂记》更多清党后恐怖状况的纪实。但也并非全然灰暗,如《课余》,也写着好些鲜明的希望。陶元庆先生作书面。

《仿佛如此》

许钦文著

这短文集是作者于《若有其事》付印后继续在杭州写的,内除《寒山寺》形式类似历史小说,《小花猫的访问》类似童话,《木槿花》纯是恋爱心理的描写,其余正如《幻象的残象》和《若有其事》,大半都是西子湖滨常可见到的情形,只是题材多取了实事,往往使人误会,愈是"化妆出现"的暗藏罢了。

《雨天的书》

周作人著

大学及中学最良好的文学读本。

这是周作人先生的散文集,共有五十篇,是周先生自己从他的作品中精选出来的。文字冲淡自然,且含有深刻的意味,为近今美文中鲜有之佳品,实白话文学之最好范本也。

《热风》

鲁迅著

这是鲁迅先生的杂感集,里面的文字大都是反对扶箕、静坐、打拳、"保存国粹""虚无哲学"及上海之所谓"国技家"的,总之是对于混沌的思想界的总攻击。因为现状和那时并没有大两样,所以辑集成册以广流传。

《心的探险》

长虹著

长虹的作品,文字是短峭的,含义是精刻的,并且表示出反抗现社会的沉毅的精神。此集为鲁迅所选,均著者代表作品,其特色尤为显著。

《落叶》

徐志摩著

志摩先生所作散文甚多,这集所收八篇,都是作者所最满意的,文字轻快流利,久为读者所称赏。

《华盖集》

鲁迅著

这是鲁迅的杂感第二集。他在自序中说,因为这是他转辗而生活于风沙中的瘢痕,所以很爱惜他们,收集刊印。

《呐喊》

鲁迅著

这是新文学中最有名的一部小说,已译成英日俄法各国文字。法国近代大文豪罗曼·罗兰称为最高之艺术品,因为它愈读愈有滋味。出版后销数逾万,公认为文学中不朽之杰作。

《彷徨》

鲁迅著

现在鲁迅先生又将《呐喊》以后的小说——已发表的和未发表的,计十一篇,合成这一集《彷徨》。有人说,《彷徨》所收各篇虽依然是充满着讽刺的色彩,但作风有些儿改变了。究竟是不是呢?请读者自己去判断吧。

《故乡》

许钦文著

这是一部创作小说集。经鲁迅及长虹在作者的百余篇作品中精选出二十七篇。鲁迅批评作者的作品说:"我常以为在描写乡村生活上,作者不如我,在青年心理上,我写不过作者。"可见本书价值之所在了。

《毛线袜》

许钦文著

钦文的小说,以善写青年心理受文学界之赞赏。《故乡》初版,未满一月,即完全售罄,可见读者的欢迎。此集所收以富于趣味者为主,共二十四篇,都十余万言。封面为陶元庆所绘,富于艺术精彩。

《回家》

许钦文著

《回家》是十二个前后连贯的短篇集成的,所写都是现实所有及可有的事。书中主人翁年少气盛,以为世界事大有可为,离家后处处碰钉子,时时遭挫折,以致懊丧而归。可以代表现今一般青年的遭遇。封面为陶元庆所绘,富于艺术趣味。

《渺茫的西南风》

刘大杰著

这是一部短篇小说集,包含近作八篇。青年的性的苦闷,在本书中是表现得很浓厚的。

《柚子》

鲁彦著

这里面的小说之描写的动人、讽刺的深刻和风格的新颖,在现在的创作界中自有特殊的地位。其中如《柚子》《狗》《小雀儿》等篇,尤为精彩,早已得多数读者赞美,用不着我们再来详细介绍了。

《竹林的故事》
冯文炳著

这是一部创作小说集，所写多是乡村儿女翁媪的事和少年时初恋的情事，作者的独立精神及其平淡朴讷的作风，周作人先生在序中，颇为称赏，确为近今小说中不可多得之作也。

《春水》
冰心著

这是冰心女士的诗集，出版后风行一时。现得女士之同意，将数年来所作之长诗短诗，精选数十首附在本书之后，页数比以前增加一倍。

《微雨》
李金发著

李先生诗的体裁、思想、声调，是现时国内别开生面之作，充满人生的悲哀、爱情的絮语，以及梦幻一般的色彩。书印无多，欲购从速。

《扬鞭集》
刘半农著

这是刘半农先生的诗歌小品集，其中有一部分已在《青年》《新潮》及《语丝》等有名的刊物上发表过，其价值大家都已知道，用不着我们再来介绍。

《夜哭》

焦菊隐著

菊隐的诗的创作以散文诗为尤佳,他在这卷诗里,曾透出他温柔的情怀中所潜伏的沉毅的生力,曾闪耀出将来的光辉,使读者从哭声中可以得到安慰。

《桃色的云》

鲁迅译

这是一部童话剧,为爱罗先科得意之作。剧中主人公为土拨鼠,因寻求光明以致被杀。寓意深远,文美如诗。经鲁迅先生译出,更为难得。

《强盗》

杨丙辰译

这部戏剧是德国近世伟大诗人席勒的杰作,描写一个非常奇异高尚的强盗。他的反抗传统及黑暗势力的精神,都有特别吸引我们的力量。现经北大德文系主任杨丙辰先生译出,尤为难得。

《长生诀》

余上沅译著

《长生诀》,这是多么动人的题目。书为捷克国新出的戏剧家贝克所著,用具体的事实,显出长生之无为,终于以长生秘诀,付之灰烬。动作紧张,章法谨严,在现代戏剧里有它特殊的地位。余君为便于初学用作模型,观众容易了解起见,改译为中文。虽地名、人名及情节等都有更动,而原戏之空气及精彩处仍充分保留。

《狂言十番》

周作人译

这是日本古代的一种小戏剧，共十篇，滑稽轻妙，言辞古朴，即在现在看来也是很好的文学作品，译文能将原本的趣味充分保留，尤为特色。

《茶花女》

刘半农译

小仲马的《茶花女》原有两种：一种是小说（一八四八），做得不十分好，现在已没有人过问了；一种是剧本（一八五二），乃是小仲马一生第一杰作，直到现在巴黎舞台上还把它认为数一数二的好戏。（小仲马是剧本家，不是小说家，这是法国文学史写定的事。）

《茶花女》一个名目，几乎在中国看小说的人的脑子里已留了一个普遍的影子。不幸中国人所见的只是林琴南译的小说本，而且还是和晓斋主人对译的。现由刘先生译出，在中文法文两方面，都可担负相当的责任，就请大家根据了刘译本来重估《茶花女》的价值吧。

《瓦釜集》

刘半农著

集中所收，都是刘先生用他江阴的方言，依着最普通的民歌（四句头山歌）的调子所做的歌。有极详确的注解，别处人可以完全看的懂。他做这一种歌的用意，一层要将数千年来被埋没、被侮辱的瓦釜的声音，表露出一些；二层是要采用真正的活的语言，将村夫野老游女怨妇们的声音笑貌，活活的烘出来。其中有一部分是情歌，做得尤其干净、漂亮，而富于自然的风趣。有一位评论家说：这种的歌，至少也决不在他们一班人所做的最好的歌之下。

《晨曦之前》
于赓虞著

《晨曦之前》是于赓虞先生精心结构的诗集。他的诗有一种特殊的风格，读时令人如在黑夜里伤感于荒凉的墓野，因为他歌的都是流落、凄凉、孤寂，背景都是夜、墓、鬼 得意人读之酸鼻，失意人读之痛苦。青年人的悲哀，尽表现于有规律的音韵里。

《百合集》
倪贻德著

这是一本包含四篇短篇小说一篇独幕剧的创作集，大半是未曾发表过的。其内容以新时代为背景，描写各种不同的男女青年的心理。作者曾以感伤的情怀和美丽的文句，博得了一般青年的同情，在这本集子里却更可以看出作风转变和技巧纯熟的地方。

新月书店的广告文字

《一个人的诞生》

丁玲著

丁玲女士的作品，在中国文坛上早有定评，用不着详细的介绍。这集里包含三篇小说，都是作者自己从最近的作品中选出来。《一个人的诞生》，是描绘妇人生产时的情景，非身历其境者不能道，这是不可多得的作品；其余《牺牲》《一九三〇年春上海》，都是名贵的创作。

《圣徒》

胡也频著

在少年的作家当中，谁还比得上胡也频先生之深刻沉重的？从这十一篇小说里，我们看得出作者那不安定的灵魂在背后推动他，虽然他还是一二分的忍耐，一二分的抑制。你看：

"他没有哭泣，也没有叹气，只是脸色像死人那样的晦涩，两眼无光的发着怔，像将要饿毙的鹰般向四处探望。"

《圣徒》里的人物，差不多个个都是这样的，这样的要求我们的同情。

《从文子集》

沈从文著

这是沈从文先生一本最新的小说集,里面包含短篇小说六篇,篇篇都是精心结拱的作品。读过《从文甲集》者固不可不读,没有读过的更不可不读。

《蜜柑》

沈从文著

沈从文先生的天才,看过《鸭子》的读者们总该知道了罢。就大体上说,他的小说,更在他的诗同戏剧之上。假使我们说《蜜柑》这是作者的真代表,真能代表他的天才,那决不是过分的话。

《蜜柑》里面有六七篇已经由时昭瀛先生等译成几国文字在中西各洋文报章杂志上发表过了,外国文艺界已经有人起了特别的注意了。这不但是《蜜柑》的作者沈从文先生个人的荣幸,也是我们大家共有的荣幸。

《好管闲事的人》

沈从文著

这部小说集包含作者近年来的著作七篇:《好管闲事的人》《或人的太太》《焕乎先生》《喽罗》《怯汉》《卒伍间》及《爹爹》。这七篇小说是作者自己从近年的作品里选出来的,并且加过修正。读了《蜜柑》和《阿丽思中国游记》的人,都不可不读这本书。

《阿丽思中国游记》

沈从文著

沈先生说:"我需要,是一种不求世所知的机会。一切青年天才,一切大作家,一切文坛大将与一切市侩,你们在你们竞争叫卖推挤揪打中,你们便已将你们的盛名建立了 ”

然而此一本稀有的巨著,却使读者与沈先生发生一种不可分开的友谊。此书足当一九二八年出版物中一名作,在过去的十年来出版品中难寻出一部与此书同样的伟大作品。中国的文艺,若说渐可进而与世界的文学比肩,这不求世所知的沈先生,这第一个长篇,已给了我们中国一个光明的希望了。

《死水》

闻一多著

王尔德说:艺术是一个善妒的太太,你得用全副精神去服侍她。如今国内最能用全副精神来服侍这位太太的要算闻一多先生了。《死水》如果和一般的作品不同,我们敢大胆地讲一句,只因为这是艺术。闻先生的诗是认真做的,他的诗也应该认真去读。非这样读,不能发现《死水》里的宝藏。研究新诗的人不要忘了这里有一个最好的范本。本书封面,是闻一多先生自作的,新颖并且别致,是现代新书中第一等的装帧。

《巴黎的鳞爪》(闻一多画封面)

徐志摩著

"先生,你见过艳丽的肉没有?"那末,请读——《巴黎的鳞爪》!

"你做过最荒唐、最艳丽、最秘密的梦没有?"那末,也请读——《巴黎的鳞爪》!

《巴黎的鳞爪》能叫你开开眼界,能叫你知道散文的妙处。

《巴黎的鳞爪》译成过日文;不愿让日本读者独开眼界、独得妙处的,不可不读此书。

《志摩的诗》

徐志摩著

初版《志摩的诗》是作者自己印的,早已卖完了。这部书的影响大家都知道。然而作者自己还不满意,拿起笔来,删去了几首,改正了许许多多的字句,修订了先后的次序;这本书的内容焕然一新,与旧本绝不相同。读过初版《志摩的诗》的人不可不读,没有读过的人更不可不读。

《翡冷翠的一夜》

徐志摩著

读了《志摩的诗》,我们还有什么可以要求这位作家的?一个人贡献了那许多。但是第二次的贡献居然跟着赶来了,并且这一次,艺术还更纯熟,取材还更丰富。再加上这一次的作品,多是和陆小曼结婚前后的作品,情诗特别多,这又是第一集里寻不出的特点。

《自剖》

徐志摩著

《自剖》是一部不愉快的文集,看书如要热闹要"窝心"的不必看这部书。看书为要学得现成代嚼烂的学问为现成口号的不必过问它。看书为要照见读者自

广告文字

己丰腴可喜的俊脸的也不必揭它的篇页。它只是叫你不愉快；它是一只拉长的脸子，它是作者的一腔苦水。第一辑"自剖"是作者烦闷的呼声。第二辑"哀思"是他对于生死的感想。第三辑"游俄"是他前两年经过俄国时的观察。这辑里至少末了一篇标题叫《血》的似乎值得"有心人"们的一瞥。

《浪漫的与古典的》（闻一多画封面）

梁实秋著

这是梁实秋先生的文艺批评论文集。梁先生的文艺批评，是尊奉西洋文艺批评的正统，谨守古典主义的法则，对时下的浪漫的文艺的总攻击。吴宓先生说："《浪漫的与古典的》一书，为文虽仅九篇，而议论精湛，材料充实，为现今中国文学批评界仅见之作。（文学批评之佳者，虽有零篇，未见专书。）故于其书初版伊始，乐得而介绍之。梁君自序中，谓曾从美国哈佛大学教授白璧德先生研究西洋文学批评，乃能有今之著述，愿深致敬谢云云。即不见此序、而细读梁君之书者，亦知其受白璧德先生之影响不少。然梁君之书，实有其见解独到之处"

《文学的纪律》（闻一多作封面）

梁实秋著

这是梁实秋先生的第二本批评文集，较《浪漫的与古典的》材料更为丰富，态度更为鲜明。我们现今的文艺界太混乱了，我们也厌倦了，正好换换胃口，读读这一部严谨的批评。

《梦家诗集》

陈梦家著

新诗是在沉默期中，这里有一点火星告诉我们寂寞里的光明。形式内容表现作者在此时代里一个转变的方向，那种谐和迥异于一般死的技巧及无规律的杂乱，看出新诗渐渐巩固在基础上。陈梦家的诗，是以认真态度写的，有着纯粹的好处。作者最近选出四十一首诗，由新月书店发行，将或有所影响于诗的新风格。全集共分四卷，大部分是抒情诗，末了有几首值得注意用另一方法写的长诗，均系作者最近的创作，未曾发表过的。

《梦家的诗》

梦家的诗，指出了中国新诗的一个新方向，适之先生看了，便觉得"新诗的成熟时期快到了"，一多先生看了一看《悔与回》，又认为"自然是本年诗坛可纪念的一件事"。其价值可以想见。

《读书问题》

这是潘先生编辑上海《时事新报》"学灯"时所发表的短文。文字虽然简短，然篇篇皆有其见解精到、词句精辟之处，尤其于读书问题各方面，能与读者以极深刻的印象。

《国剧运动》

余上沅编

十五年夏天，中国戏剧社的朋友们借《北京晨报》副刊的地位，办了一个"剧刊"。替它撰稿的有余上沅、赵太侔、张禹九、邓以蛰、闻一多、徐志摩、顾颉刚诸先生。这些精心结构的文章，在戏剧艺术的理论、批评及技巧诸方面，都有相当的供献，可做改良旧戏的章本，可做建设新剧的指南。现由余上沅先生从剧刊选出最为精彩的文章二十几篇，连同附录，共计十余万言；余先生并作序文一篇。

《天问》（一）

陈铨著

我们为什么近年来只看见人写短篇小说？为什么？

因为长篇小说，真不是个容易的尝试。它需要时间、理智、观察、选择、感觉、记忆，尤其是作者艺术上充分的修养与精练动人的文笔；缺一样这尝试便是整个的失败。

现在好了，这位一鸣惊人的作者给了我们一篇洋洋二十万言的成功的供状——《天问》。《天问》里面，像整个的人生一样，包含着一出古今相同的悲剧：里面不独思想精纯，结构严紧，描写清切，分析细致，理论透彻；还看得出天真与虚伪的冲突，情爱与罪恶的对垒和仁慈与残暴的搏斗。这些都是造成人生千变万化的要素。所以一方面因为《天问》是人生真实的描写，我们看了就知道什么是人生的究竟；一方面因为人生本身始终是个哑谜，我们想猜透它归根还只有去"问天"。不过一个人凭空决不会感觉到如此的深切，除非读了像《天问》这样动人的作品才能够。

《天问》（二）

陈铨著

这是一部二十余万字的长篇小说。你不看则已，你若是看了一页，你非要看完了全部不止。作者的笔墨有这样的魔力！你看完了一遍，你一定要看第二遍，作者的文章有这样的妙处！因为作者得到一个做小说的秘诀——结构谨严，这里面有销魂的韵事，有英武的击斗，有深刻的讽刺，曲曲折折的有说不尽的穿插起伏，但是都经作者的一枝老练犀利的笔锋给串起来了，真可说是一气呵成，天衣无缝。这样的小说，据天津《大公报》文学周刊的编者批评说："只得石头记差可比拟。"爱读小说的读者，请你们自己鉴赏鉴赏看。

《迷眼的沙子》

赵少侯译

这是十九世纪法国滑稽剧大家腊皮虚的不朽著作。腊皮虚的剧本是顶合群众心理而且没有国际界限的，所以不论法国人、美国人、阿非里加土人，男的女的，老的少的，都喜欢看他的剧本。

纯粹的滑稽剧本，中国向来是很少的，所以赵少侯先生特意把这个伟大作家的不朽剧本，用极流利的文字译了出来。读了之后，包管你在这疮痍满目、忧愤填胸的时候，不由的喜笑颜开了。

《西林独幕剧》

《一只马蜂》是中国近年来久享盛名的独幕剧。如今本店特请该书作者丁西林收集它相近的创作多种，和原有的三篇都为一集。预料此书一出，中国剧坛又收添了不少的新空气。

《寸草心》（孙福熙画封面）

陈学昭著

我们读过《倦旅》读过《烟霞伴侣》的人，没有不知道学昭女士思想之清淡与文字之委婉的。春苔先生为她画像，并题"烟霞伴侣"，用"清心长有虑，幽事更无涯"之句。学昭女士今已放洋游法，将来必有更丰富的文字以飨国人。在此等候期中，我们特请她于启行前将旧作检出付印，题名：《寸草心》。其中文字大半见于《妇女杂志》《新女性》及《京报副刊》，为大家所爱读者；再加数篇，则女士久藏而未经发表者。本书请春苔先生设计精印，并有他的插图多幅。

《小雨点》

陈衡哲著

胡适之先生在本书序文里说，"试想，鲁迅先生的第一篇创作——《狂人日记》——是何时发表的，试想当日有意作白话文学的人怎样稀少，便可以了解莎菲的这几篇小说在新文学运动史上的地位了"

任叔永先生在本书的序文里说，"我们晓得有了文学天赋的人，他做文学家的根本可算是有的了；其余的便是他的训练与修养。作者是专修历史的人，她的文学作品，不过是正业外的小玩意；但她的作品，却也未尝没有她的训练与修养。我们看了这十来篇小说，至少可以看出她文学技术的改变与进步"

作者自己在本书的序文里说，"我每作一篇小说，必是由于内心的被扰。那时我的心中，好像有无数不能自己表现的人物在那里硬迫软求的，要我替他们说话"

《骂人的艺术》（闻一多画封面）

秋郎著

十六年夏季，主撰《时事新报》"青光"的秋郎，成了上海最流行的谜语。人人问"谁是秋郎？"

天天早上你起来，他给你一顿最滋补的早餐——一顿大笑。渐渐你又觉得那笑里还带着一丝丝的苦味儿，辣味儿；只要你肯用思想，便能发现你笑的，也许就是你自己。原来他给你的，不是适口的早餐，乃是一帖攻砭性的毒药。

于是人人更要问谁是"秋郎"？

秋郎只是一个骂人的艺术家。他自己说，"有因为骂人挨嘴巴的，有因为骂人吃官司的，有因为骂人反被人骂的，这都是不会骂人的原故。"秋郎挨过嘴巴没有，吃过官司没有，被人骂过没有，我们姑且不管；他的笔锋，他的幽默，他的人生批评，却早已替所谓小报界开了一个新纪元了。

《骂人的艺术》虽是一集小品，但是它有它的大贡献。

《花之寺》

凌叔华著

写小说不难，难在作者对人生能运用他的智慧化出一个态度来。从这个态度我们照见人生的真际，也从这个态度我们认识作者的性情。这态度许是嘲讽，许是悲悯，许是苦涩，许是柔和，那都不碍，只要它能给我们一个不可错误的印象，它就成品，它就有格；这样的小说就分着哲学尊严，艺术的奥妙

《花之寺》是一部成品有格的小说，不是虚伪情感的泛滥，也不是草率尝试的作品，它有权利要求我们悉心的体会

作者是有默的，最恬静最耐寻味的默，一种七弦琴的余韵，一种素兰在黄昏

人静时微透的清芬

《西滢闲话》

西滢著

前一两年在每期的《现代评论》里，大家见过一位署名西滢的文章，这些文章，又轻轻的冠以"闲话"。渐渐的，看《现代评论》的人，不知不觉要先看西滢的闲话——究竟西滢是谁？闲话是什么文章？为什么人人要看？

西滢是谁？是不成问题的。闲话是什么文章，现在印在这本书里了。为什么人人要看——是的，为什么人人要看呢？《西滢闲话》印出来卖给要看它的人。

《少年歌德之创造》

西滢译

歌德的名著《少年维特之烦恼》，曾经郭沫若先生译成中文，几乎是少年人谁都读过的书了。而且几乎谁都听说过，歌德写这本书时，是在他自己尝到了恋爱的创痛之后，所以"少年维特之本事"可以算是歌德自己的经验。

那么，读者也许要问了，少年维特就是少年歌德么？要是歌德就是维特，怎样歌德又没有自杀？读者又不免要问，少年维特的思想行动到底是怎样的呢？他自己究竟有了什么经验？他为什么写少年维特之烦恼？写的时候他又是怎样的情形？在西滢先生译的这本小说里，种种问题都有了答案。

《玛丽玛丽》（闻一多画封面）

徐志摩　沈性仁合译

假如我们上海，一个十四五岁的小家碧玉，刚刚发觉了生活里那最迷人的一点滋味儿，忽然情不自禁，看上了一位又高又大的红头阿三，于是一出趣剧和一出悲剧便同时开始了。在如今高呼解放的年头，这种事很有发生的可能；只是我们哪里去寻 James Stephens 那一支又滑稽又隽妙的笔来描写它？

《玛丽玛丽》里叙述一个同样的小姑娘，和一个同样的大汉子（一个巡警，不是印度人）发生了恋爱。作者是爱尔兰文坛后起的健将。《玛丽玛丽》又是著名的作品。至于两个译者，徐先生和沈先生，都是熟人，更用不着介绍。

短篇小说我们应该读腻了，现在换一本长的读读罢！

《潘彼得》（一）

梁实秋译

二十年来，欧美各国的儿童，没有不认识潘彼得的。尤其是在每年圣诞节前后，各国都演潘彼得的戏，所以潘彼得成为圣诞的不可少的一部分了。梁实秋先生现以忠实流利之笔把这段著名的故事译成中文，又经叶公超先生的校序，贡献给国内读者。

潘彼得代表的是永恒的精神，青春的喜悦，和人类最宝贵的创造不朽的努力。所以这部书，无论是从故事的趣味上看，或是从含意的深刻上看，都是一本极有价值的小说。

《潘彼得》（二）

中国的儿童大概没有不知道孙悟空猪八戒的；同样的，英美的儿童也没有不认识潘彼得和文黛的。潘彼得是英美儿童个个喜欢的精神上的朋友，也是一般成年的人所最感有趣的一个角色。如今我们把这位潘彼得介绍给中国的读者初次相见。

原著是当今英国大戏剧家大小说家巴利爵士（Sir J. M. Barrie）的杰作，他先写的是小说，后又改编为戏剧，梁实秋先生译的是小说，因为为读者的方便起见，小说是比剧本容易读得多了。梁先生的译笔是流利可靠的，现又经叶公超先生的校阅，更可保证译笔的忠实。

中国儿童的文学读品，好的似乎太少，这本《潘彼得》必定是一般有知识的家庭里必备的书。一切文学作品里，素以描写儿童心理为主体的，恐怕这本《潘彼得》又是独一无二的杰作了。儿童的天真烂漫，儿童的喜悦与愤怒，儿童的想象与恶作剧，在这本故事里都有惟妙惟肖近情近理的描写。所以这书不仅是最好的儿童文学，也是成年人看了要起无限憧憬低回之感的文学。

《白璧德与人文主义》

梁实秋选编　吴宓等译

近年中国文坛对于白璧德教授（Prof. Irving Babbitt）已起了重大的注意。但是他的思想及作品尚无详细的介绍，所以虽然有人赞扬他，而我们不能明其底蕴；虽然有人菲薄他，而我们亦难辨其是非。现经梁实秋先生选辑，吴宓先生及其友人所译白璧德最精彩的文章数篇，编纂成书，弁以长序。倾向浪漫主义的人，读此书犹如当头喝棒；研究文学的思想的人，读此书更当有所借镜。这不是一本时髦的阿附时好的书，但是喜欢研究学问的读者，在这书里一定可以找到无穷的感兴和喜悦。

《阿伯拉与哀绿绮思的情书》

梁实秋译

这是八百年前的一段风流案，一个尼姑与一个和尚所写的一束情书。古今中外的情书，没有一部比这个更为沉恸，哀艳，凄惨，纯洁，高尚。这里面的美丽玄妙的词句，竟成为后世情人们书信中的滥调，其影响之大可知。最可贵的是，这部情书里绝无半点轻薄，译者认为这是一部"超凡入圣"的杰作。

《白屋吴生诗稿》

吴芳吉著

为人生而文学，然后才有文学的真正价值，这是当今作家谁都要承认的信条。诗，既是文学的一种，自然不能例外。本书作者身经军阀混战的种种苦状，极端不满于现实的社会，于是把积极的思想，一一泄之于诗，盖所谓"补察时政，宣导民隐"，本书实兼而有之。至于诗笔之雄浑浩瀚，能合新旧于一炉，而另铸成一格，尤其余事。凡欲研究写实文学，及关心社会人情者，不可不人手一编也！

《白话文学史》

胡适著

作者本意只欲修改七年前所作《国语文学史》旧稿，但去年夏间开始修改时，即决定旧稿皆不可用，须全部改作。此本即作者完全改作的新本，表现作者最近的见解与功力。本书特别注重"活文学"的产生与演进，但与每一个时代的"传统文学"也都有详明的讨论，故此书虽名为《白话文学史》，其实是今日惟一的中国文学史。全书约五十万字，先出上卷，约二十五万字。

《庐山游记》

胡适著

作者是有历史癖和考据癖的，所以他的游记便与一般游记不同。譬如，单为了一个塔，在本书中他又做了四千字的考证。

"为什么要替庐山一个塔作四千字的考证？"他说，"我要教人一个思想学问的方法　　肯疑问佛陀耶舍究竟到过庐山没有的人，方才肯疑问夏禹是神是人。有了不肯放过一个塔的真伪的思想习惯，方才敢疑上帝的有无。"

这本小书不单是游人们的伴侣，它是人人案头必备的一部参考。

良友图书出版公司的广告文字

《竖琴》

  鲁迅编译

  这是近三年来鲁迅先生从苏联数百名作家中所精慎选择的十篇，代表十个作家，全是同路人的作品。鲁迅先生译笔的忠实，是全国文坛所共知的事实。读了这册书，胜过读了数十册苏俄的小说集。

《暧昧》

  何家槐著

  何家槐君的短篇小说，取的题材虽多是琐屑的事物，但是经过了他细腻的笔法和曲折的布局，每篇含着深刻的人生意义，作风极似柴霍甫（契诃夫）。他写短篇小说至今五年，本书犹是他所精选的处女集。

《雨》

  巴金著

  1. 这不是一部普遍的恋爱小说。在故事的行进中，包藏着作者内心生活的开展。这里满罩着阴郁的氛围,同时有勇敢挣扎的记录。这是巴金先生一九三二年中最大的收获品。

　　2.《雨》是《雾》的续篇,在这里作者在一种悲剧的场面下结束了周如水的生命。但《雨》的主人公却是周如水的友人吴仁民,那是一种粗暴的、浮躁的性格,这恰是前一种的反面,也是对于前一种的反动。《雾》中的吴仁民正陷溺在个人的哀愁里,他平凡得叫人就不觉得他存在。然而现在打击来了。死带走了他病弱的妻子,那个消磨他的热情的东西——爱到了。热情重新聚集起来,他的心境失去了平衡。他时时追求,处处碰壁。他要活动,要暖热,却得着寂寞。寂寞不能消灭热情,反而像一阵风扇旺了火。于是,在这时候意外地来了爱情。一个女人的影子从黑暗里出现了。女性的温柔蚕食了他的热情。这似乎还不够,必得再让另一个女人从记忆的坟墓中活起来,使他在两个女性的包围中演一幕恋爱的悲喜剧,然后两个女人都悲痛地离开他,等他醒过来时火已经熄灭,就只剩下一点余烬。这时候他又经历了一个危机。他已经站在灭亡的边沿上了,然而幸运地来了那个拯救一切的信仰,那个老朋友回来了。我们可以想象到吴仁民怎样抱了它流着感激的眼泪。《雨》的幕就在这时落了下来。

《一天的工作》

鲁迅编译

　　这是继《竖琴》而选译的最近苏联短篇小说集。代表八个普卢列塔利亚作家。形式的新颖,意识的真确,是大众文艺的典型作品。

《一天》

张天翼著

这是一部新出版的长篇创作,作者在里面,极力描写着一班小官僚阶层由幻想而趋于没落的过程。心理的和动作的刻画,均表露尽致。有些地方,似乎很受了鲁迅的《阿Q正传》的影响,而作者在这中间所要完成的人物,也很想写出像阿Q那样的几个没落社会的典型人物来。

《剪影集》

篷子著

作者在中国文坛上,已有了好多年的历史,文字技巧的成熟,作品意识的健全,都是他的长处。本书包含七个短篇,描写绅士的没落,贫民的悲哀,一幅幅都是人生的剪影。

《母亲》

丁玲著

这是写前一代革命女性的典型作品,作者以一九一一年辛亥革命为背景,叙述自己的母亲在大时代来临以前,以一个年轻寡妇,在旧社会中遭遇了层层的苦痛和压迫,使她觉悟到女性的伟大革命,而独自走向光明去的经过。

《离婚》

老舍著

作者是中国特殊的长篇小说家,在独特的风格里,蕴蓄着丰富的幽默味。本书都十六万言,作者自己在信上说过:"比《猫城记》强得多,紧练处更非《二马》等所能及的。"全书最近脱笔，从未发表，是一九三三年中国文坛上之一大贡献。

《善女人行品》
施蛰存著

这是作者最近脱笔的一个短篇集，虽然还是那一枝纤巧的笔，但描写的对象及目的却不同了。本集中包含小说十六篇，每篇描写着一个或数个女子的心理及行为，有充满了诗意的忧郁气氛的《残秋的下弦月》，有明朗轻快的《港内小景》，有形式新鲜的《蝴蝶夫人》，以及其他许多未曾发表过的最近作。

《记丁玲》
沈从文著

丁玲女士的一生，可以说只有作者沈从文先生知道得最清楚。本书从丁玲的故乡和她的父母写起，作者特有的那支生花妙笔，把一个冲破了旧家庭的束缚到大都市里来追求光明的新女性，活现在读者的眼前，是中国新文艺运动以来第一部最完美的传记文学。

《赶集》
老舍著

善写长篇小说的老舍先生，最近把生平所写的短篇，汇成这一个处女集，共计十五篇，都十二万字。内有《热包子》《大悲寺外》《微神》《开市大吉》《柳家大院》《黑白李》等。在这集子里，可以看出老合先生不仅能够写长篇，更能够写"挺好"的短篇。

《革命的前一幕》
陈铨著

三年前作者在新月书店出版了一部长篇创作《天问》，即刻引起全国评坛的深切的注意。及后作者赴德深造，搁笔至今，没有创作问世过。这一部十四万字的新作长篇，写一个青年投身革命的恋爱故事，紧张的结构，美丽的散文，不但远超出《天问》的成就，并且是今日中国文坛上可喜的收获。

《移行》
张天翼著

作者前作长篇小说《一年》，销行近万。本书为近二年来《现代》《文学》等著名文艺刊物所发表之短篇小说集，共十五万字，都九篇。其中《移行》一篇，多二万字，写一个叛变之女子对于过去革命生活的回忆，从未发表。

《欧行日记》
郑振铎著

作家私人生活的记录，最受读者所欢迎，也被作者自己所宝重，所以轻易不肯发表。作者郑振铎先生，三年前曾赴欧洲游学，旅程中把所见所闻，每天写信给他的夫人高君箴女士。现在从这许多宝贵的家书中，集成了这一部十万余字的书，有作者旅途的感受，有在欧洲时的读书生活等，可以当作作者某一时期的自传读。

《虫蚀》
靳以著

这是作者在转变期中一部重要的短篇集，少男少女已经不是事件中的中心。

这里有各式各样活动着的人，在不同的生活方式下，过着各种不同的日子。这一部书，是作者旧作风结束，也可以说是新作风的开端。

《话匣子》

茅盾著

作者自前年出版长篇小说《子夜》后，未见新书问世，本书为最近辑成之散文集，内分上下二编，篇目都四十余，共十万字，有文艺理论、随笔小品、新书评述等，凡爱读茅盾小品者，理宜人手一册。

《电》

巴金著

《电》是"爱情三部曲"的顶点，到了《电》热情才有了归结。这时吴仁民的眼泪已经流尽了，他变做一个新人。他现在"持重"而"淳朴"，成了一个近乎健全的性格。但更健全的应该是他的女朋友李佩珠。在《雨》里面她就感到热情的满溢，预备拿来为他人放散。如今两年以后她以一个新的姿态来在《电》的同志中间，她得着他们的爱护。看起来她是一个平凡的人，然而她如果说一句话或做一个手势叫人去为理想交出生命，谁也喜欢得如去赴盛筵。她仿佛是一个女孩，然而她和吴仁民在一起，又是那么真实那么自然的结合。倘若说"爱情三部曲"还写了"信仰"，那么在《雾》里不过刚下了种子，在《雨》里才发了芽，然后《电》光一闪，信仰便开花了。到了《电》，我们才看见信仰怎样地支配一切，拯救一切。

《参差集》

侍珩著

本书计收文坛上的新人文艺简论,通俗文学解剖,泰纳的艺术哲学等论文十余篇,有大小议论,也有私家论难,至于见解的透辟,和下笔的忠实,读过侍珩先生文章的,自有定评。凡研究文艺理论者,不可不读。

《车厢社会》

丰子恺著

丰子恺先生是一位大众艺术家,他的文章也正如他的画一样:轻松、明快、简洁、通俗。《车厢社会》是一册散文集子,这里包含了作者近年来代表的散文作品,如《车厢社会》《穷小孩的跷跷板》《送考》《鼓》《荣辱》《蜜蜂》《杨柳》《素食以后》《放生》等共计数十篇。另附漫画数幅。

《小哥儿俩》

凌叔华著

作者是中国早期新文学运动史上一个重要的女作家,近年在武汉大学执教,有好久没有动笔。这一本短篇小说集,便是收集民国十五年至今作者所写关于小孩子的作品的。作者说:"我有个毛病,无论什么时候,说到幼年时代的话,觉得都很有意味 怀恋着童年的美梦,对于一切儿童的喜乐与悲哀都感到兴味与同情。"这是许多跳动着的天真孩子的故事,是近年中国儿童文学的最理想的范本。

《残碑》

沈起予著

《残碑》的总灵魂是：大时代前的沉闷；沉闷期中的各种人的姿态；以及沉闷终于被冲破；冲破后，那些人又各自扮演如何的角色。《残碑》的副的企图，是想说明那包含着各种杂质的大锅炉终于会被烧炸。主人公孙丘立所供职的小机关就是这含杂质的锅炉的象征。

《残碑》也注意人物典型。女主人公蓉姐的周围有三个青年：一个能言不能行；一个能行不能言；一个二者兼长。恋爱经过环境的曲折，Frued 的精神分析的方式，终于归到能行不能言的一个。《残碑》也穿插到下层社会。由农村到工厂的田焕章代表一典型，由茶房进"帮口"的王金华代表着另一典型

《雾》

巴金著

作者称这三部连续的长篇小说为"爱情的三部曲"。但这和普通的爱情小说不同，作者所注意的乃是性格的描写。作者并不是单纯地描写爱情事件的本身，不过借用恋爱的关系来表现主人公的性格。《雾》比《雨》比《电》都简单，它主要地在表现一个性格，一个模糊的优柔寡断的性格。它是"爱情三部曲"的开端。《雾》的主人公是周如水，那是一个罗亭型的人物。其实他比罗亭还更软弱。他追求理想，追求光明，追求爱，可是一旦逼近了他的目标甚至举手就可以触到它的时候，他又因为缺乏勇气而迟疑退缩了。这性格似乎是可笑的，但却值得我们的同情，而且这又不是作者闭门造车的结果，我们在一部分中国知识分子的身上可以看见周如水的面影。全书三百余页，是作者最近的改订本，书前附印作者

的总序，书后附印作者的自白。

《苦竹杂记》

周作人著

这是周作人先生最近的一部散文集。周先生是著名的散文作家，不特文字已入神化之境，而且他的博览群书，使读他的文章的人，在欣赏一件艺术品以外，更可以增加许多知识。这一个集子收集作者最近所写的小品散文六十余篇，如《冬天的蝇》《谈金圣叹》《关于焚书坑儒》《煮药漫抄》等。

《爱眉小札》

徐志摩著

徐志摩先生是一个多情的诗人，他把恋爱生活看做生命中最重要的部分，而他和他的夫人陆小曼女士的恋爱事件，更是文坛上所熟知的韵事。他们在未结婚时，徐志摩先生曾写了一部日记，题名《爱眉小札》，是写来给小曼女士看的。从一九二五年的八月九日写到九月十七日，虽然只有四十多天时光，但是第一个日子正是他们俩发见"幸福还不是不可能的"日子，而最后一天的日记，正是作者经过了一个多月的挣扎，自认为跌入失恋之渊而绝弃这本日记向欧洲去游学的一天；所以这本日记本身中故事的历程是一幕有头有尾的悲剧。作者所写散文的美丽，已无庸赘述，这里更能使读者神往。另有作者到欧洲去后写给小曼女士的情书数十封，与日记中的故事相互关连。末附陆小曼女士所写的恋爱日记一部，写她和诗人初恋的情形，与《爱眉小札》前后呼应。小曼女士写得一手流丽的散文，风格笔调，极受志摩先生的影响。

《孟实文钞》

朱光潜著

本书搜集作者近几年来所写关于文学研究的论文,代表十年来作者对于文艺兴趣的倾向,可以说是一种单纯的精神方面的自传。作者对于文艺的趣味和现在一般人的不同,他是由学心理学而转到文学理论和美学的,所以研究的对象,特别注重诗。本书包含关于诗的研究六篇,作家研究三篇,其他七篇。研究文学的人,不可不读。

《闲书》

郁达夫著

郁达夫先生有两年不出新书了,这本集子收集他最近二年所写的散文、杂感、随笔,包含四十余篇,从未发表,是他最近在福州行旅中所写的生活记录。

《一个女兵的自传》

谢冰莹著

冰莹女士是参加实际革命过来的作家,她的身世和经历,就是一首悲壮的诗,一部动人的小说

《燕郊集》

俞平伯著

俞平伯先生是中国早期新文学运动史上一个重要的人物,现在是著名的散文家。他的散文有许多被收入教科书中,作为学生习作的范本的。这部集子是近一年来所写成,共三十余篇。

《四三集》

　　叶圣陶著

　　叶圣陶先生的这部小说集，包含二十个短篇创作，总计十五万字，三百五十页；是作者近二年来最大的收获。作者的信上说："书名拟《四三集》三字，明年弟四十三岁，取此名所以志编集之年耳。"

《新传统》

　　赵家璧著

　　本书也可以称为"现代美国作家论"，跳出了"英美文学"的立场，把美国产生的文学当做"美国的"文学看。在叙述了一百五十年来美国小说的发展史以后，分别介绍十个现代作家的作品和他们的思想。

编辑中国新文学大系缘起（赵家璧）

　　中国新文学运动自从民国八年（一九一九）的五四运动以来，至今已近二十年。这二十年的时间，比起过去四千年的文化过程来，当然短促得值不得一提；可是它对于未来中国文化史上的使命，像欧洲的"文艺复兴"一样，正是一切新的开始。二十年中所获得的成绩，也许并不足以使我们如何的夸耀，可是这一点小小的收获，正是来日大丰收的起点。

　　这二十年的时间，大约可以分做两个不同的时期：从民六（一九一七）的文学革命到民十六（一九二七）的北伐，从民十六的北伐一直到现在。前一时期的新文学，继续着五四运动的精神，到北伐成功，就变了一副面目；后一时期的新文学，现在还在继续发展中，目前既不能替它做结束，为事实上便利计，我们先把民六的文学革命到民十六的北伐，这整整的第一个十年间，所有文艺理论、小说、诗歌、戏剧的成绩，做一次整理的工作。这十年间宝贵的材料，现在已散失得和百年前的古籍一样；假如不趁早替它整理选辑，后世研究初期新文学运动史的人，也许会错怪我们不知保守家藏。

所有从民六至民十六年的十年间的杂志、副刊、单行本，全是我们编辑时所用的资料。我们自认已尽了我们最后的力量，搜罗得不让一粒珍珠从我们的网里漏掉。中国新文学大系的第一个十年共分十大册。理论分建设理论和文学论争集两册；小说以文艺团体为分界，分一二三三集：一集选文学研究会诸家，二集选新青年社、语丝社等诸作家，三集为创造社诸作家。散文共二集，以作家为区别；诗集一，戏剧集一，另附史料索引一厚册，足供读者参考。每册除选材外，另由编选人作一长序，论述该部门十年来发展的经过，更评述当代重要的作家和作品。全书之前，又冠以总序，阐述新文学运动的意义。我们所以这样做，是为了使这部大系不单是旧材料的整理，而且成为历史上的评述工作。

我们相信中国新文学的将来，只有向前进取才是最大的出路。这次我们集合许多人的力量，费了一年余的时间，来实现这一个伟大的计划，希望能从这部大系的刊行，使大家有机会去检查以往的成绩，再来开辟未来的天地。

全国名流学者对中国新文学大系之评语摘录：

蔡元培先生说："我国的'复兴'，自五四运动以来，不过十五年，新文学的成绩，当然不敢自诩为成熟；其影响于科学精神、民治主义（即新青年所标揭的赛先生与德先生）及表现个性的艺术，均尚在进行中。但是吾国历史，现代环境，督促吾人，不得不有奔轶绝尘的猛进。吾人自期，至少应以十年的工作，抵意大利的百年。所以对于第一个十年，先作一总检查，使吾人有以鉴既往而策将来，决不是无聊的消遣！"

林语堂先生说："民国六年至十六年在中国文学开一新纪元，其勇往直前精神，有足多者；在将来新文学史上，此期总算初放时期，整理起来，甚觉有趣。"

冰心女士说："这是自有新文学以来最有系统、最巨大的整理工作。近代文学作品之产生，十年来不但如笋的生长，且如菌的生长，没有这种分部整理评述的工作，在青年读者是很迷茫紊乱的。这些评述者的眼光和在新文学界的地位，是不必我来揄扬了。"

甘乃光先生说："当翻印古书的风气正在复活，连明人小品也视同至宝的拿出来翻印的今日，良友公司把当代新文学的体系，整理出来，整个的献给读者，可算是一种繁重而切合时代需要的劳作。"

叶圣陶先生说："良友邀约能手，给前期的新文学结一回账，是很有意义的事！"

傅东华先生说："将新文学十年的成绩总汇在一起，不但给读者以极大便利，并使未经结集的作品不至散失，我认为文学大系的编辑是对于新文学发展，大有功劳的。"

茅盾先生说："现在良友公司印行新文学大系第一辑，将初期十年内'新文学'的史料做一次总结。这在今日的出版界算得是一桩可喜的事。至少有些散逸的史料赖此得以更好地保存下来。"

郁达夫先生说："中国的新文学运动，已经有将近二十年的历史了；自大的批评家们，虽在叹息着中国没有伟大的作品，可是过去的成绩，也未始完全是毫无用处的废物的空堆。现在是接踵于过去，未来是孕育在现在的胞里的，中国新文学大系的发行主旨，大约是在这里了罢？"

新文学大系编选感想

文学论争集　郑振铎

　　将十几年前的旧账,打开来一看,觉得有无限的感慨。从前许多生龙活虎般的文学战士们,现在多半是沉默无声。想不到我们的文士们会衰老得那么快。然而更可怪的是,旧问题却依然存在,例如"文""白"之争之类。不过旧派的人却由防御战而突然改取攻势了。这本书的出版,可以省得许多"旧话重提",或不为无益的事吧。

建设理论集　胡适

　　我的工作是很简单的,因为新文学的建设理论本来是很简单的。简单说来,新文学只有两个主要的理论:

　　(一)要做"活的"文学。

　　(二)要做"人的"文学。

　　前者是语言工具的问题。后者是内容的问题。凡白话文学,国语文学,吸收方言文学的成分,欧化的程度,这些讨论都属于"活的文学"的问题。"人的文学"一个口号是周作人先生提出来的估量文学的标准。

小说一集　茅盾

　　新文学发展的过程是长长的一条路,这条路的起点以及许多早起者留下的足迹,有重大的历史价值。现在良友公司印行新文学大系第一辑,将初期十年内的"新文学"史料作一次总结。这在今日的出版界算得是一桩可喜的事。至少有些散逸的史料赖此得以更好地保存下来。

小说二集　鲁迅

　　这是新的小说的开始的时候，技术是不能和现在的作家相比较的，但把时代记在心里，就知道那时倒很少有随随便便的作品，内容当然更和现在不同了，但奇怪的是二十年后的现在的有些作品，却仍然赶不上那时候的。

　　后来，小说的地位提高了，作品也大进步，但同时也孪生了一个兄弟，叫作"滥造"。

小说三集　郑伯奇

　　中国新文学已经到了决算期了，把以前的成果整理一番，给今后的文学发展是很有帮助的。良友刊行的新文学大系，只就这一点讲，已是有意义的工作了。况且十多年来许多将被遗忘的作品，因此而获保存，在目前不也是很重要的吗？

　　不久以前自己发表了一点关于伟大作品的感想，曾引起了许多不同的意见。讨论这问题，也需要在前人的作品中先做一番回顾反省的工夫，不然便会流于空谈。现在参加这书的编选，为自己个人，是一个自己再教育的很好机会。

散文一集　周作人

　　这回郑西谛先生介绍我编这一部散文，在我实在是意外的事，因为我与正统文学早是没关系的了。但是我终于担任下来了。对于小说、戏剧、诗等等，我不能懂，文章好坏似乎还知道一点，不妨试一下子。选择的标准，是文章好意思好，或是（我以为）能代表作者的作风的，不论长短都要。我并不一定喜欢所谓小品文，小品文这名字我也很不赞成，我觉得文就是文，没有大品小品之分。文人很多，我与郁达夫是分人而选的，正在接洽中，我要分到若干人目下还不能十分确定。

散文二集　郁达夫

照灯笼的人，顶多只能看到他前后左右的一圈。但在光天化日之下，上高处去举目远望，却看得出四周的山川形势，草木田畴。中国的新文学运动，已经有将近二十年的历史了，自大的批评家们，虽在叹息着中国没有伟大的作品，可是过去的成绩，也未始完全是毫无用处的废物的空堆。现在是接踵于过去，未来是孕育在现在的胞里的。中国新文学大系的发行主旨，大概是在这里了吧。

诗集　朱自清

新文学运动起于民六，新诗运动也起于这一年。民八到十二，诗风最盛。这时候的诗，与其说是抒情的，不如说是说理的。人生哲学，自然哲学，社会哲学，都在诗里表现着。形式是自由的，所谓"自然的音节"。民十五《晨报诗刊》出现以后，风气渐渐变，一直到近年，诗是走上精致的路上去了。从这方面说，当然是进步。但作诗的读诗的都一天少一天，比起当年的狂热，真是天渊之别了。

我们现在编选第一期的诗，大半由于历史的兴趣。我们要看看我们启蒙期的诗人努力的痕迹，他们怎样从旧镣铐里解放出来，怎样学习新语言，怎样寻找新世界。虽然他们的诗理胜于情的多，但倒是只有从这类作品里，还能够多看出些那时代的颜色，那时代的悲和喜，幻灭和希望。为了表现时代起见，我们只能选录那些多多少少有点儿新东西的诗。

戏剧集　洪深

我想写两篇序文。一篇是泛论中国的戏剧运动的，指出各派各人的作用与功绩。在纵的方面，可分三点：

一、以新姿态出现，作者的动机，他的技巧。

二、技巧相当地赶上。

三、更新的内容，在一九二七开始。

横的方面，也可分为三类：

一、理论

二、剧本的创作

三、舞台上工作

我在第二篇序文里，讲我的两个剧本被选入的理由。以及每个作家的成就。

史料·索引　阿英

十六年来中国新文学的发展，其激急与繁复，是历代文学中所不曾有过的。所以，参加了初期活动的干部，现在提起往事，都已不免有"三代以上"之感。刚刚成长的文学青年，那是更不必说了。在这样的情形之下即使暂时不能产生较优秀的新文学史，资料索引一类书籍的印行，在任何一方面也都是有着必要的。

良友图书公司刊行"中国新文学大系"，其意义可说是高过于翻印一切的古籍。在中国文化史上，这是一件大事。

广告式样

七十多年前的新书广告

開明書店印行開明文史叢刊

中國文學史大綱　容肇祖著　二元八角

本書是從追溯文學的起源始，直敘至新文學運動為止的一部首尾完整的中國文學史。取材注意每一時代的新興文學，說明它的來源和流變。並敘述各時代的重要作家，間或徵引他們的代表作品。可說是引導讀者對中國文學史作了一個明白清楚的鳥瞰。

中國文學概說　鹽谷溫譯　隋樹森譯　二元一角

本書分六章：語學，文學，詩學，文章學，戲曲小說學，評論學。各部分的論述都極得要領，尤其是一二、五、六三章，精彩處更多。譯後能使人對中國文學得一輪廓。本書出版之後，被譽為初學者的明燈，在日本不到四月就再版，是這類書中的名著。

中國文學史新編　張長弓著　二元八角

本書就現代的文學觀念下舉證闡發前代的史料，以見其史的流變。在編製方法上，則以時代為綱，文體作家派別為子目。簡而得體，疏而不漏，福製句稱，對於新舊材料的去取，絕無輕重之弊。論斷公允，沒有偏見，只用具體事實來證明文學的演變。

宋詞通論　薛礪若著　二元五角

本書根據宋詞演進的自然趨勢和大作家的影響，時代的轉變，把宋詞分做六期。每一期裏，舉出代表作家詳細敘述，稱引他們的代表作品，指出他們獨創的風格和影響，追溯他們以前的和後繼的一般作家。並就詞裏反映出來的時代背境分別加以敘說。

中國文學史簡編　陸侃如著　二元

還是本簡括的中國文學史，取材審慎，題旨嚴正，書中對於古代書籍的眞偽和一齊產生的時與地等，都有周詳的述說。又自中國文學的起源起，到現代的新興文學止，關於每一編，都有極扼要的描述。研究文學者應人手一編。用作高中教本尤為適宜。

元人雜劇序說　隋樹森譯　二元

青木正見是日本有名的「漢學家」，更是彼邦中國曲學的泰斗。本書敘述元劇的源流與派別，偏重於作品的介紹與批評。本書原書印成後，又有也是園藏大批元劇的發現，故譯成後由徐調孚先生加以增補，原書體製處所由徐先生迻注校語，加以說明。

开明文史丛刊广告

爱看书的广告

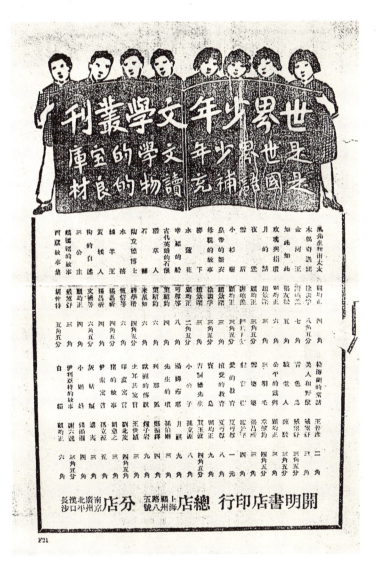

世界少年文学丛刊广告（丰子恺画题图）

吴祖光戏剧集

風雪夜歸人 這是作者自己最滿意的一個劇本。因為這是作者自己最熟悉的事。他最愛好的夢。這個劇本他曾在各地上演，極受觀眾的歡迎。這個劇本在故事的安排上，人性的表現上，都盡了藝術的能事。 二元

捉鬼傳 本劇取材民間神話，以鍾馗為背景，反映出社會的各種醜態。這裏所捉的鬼，其實就生活在你我之間。戲裏的鍾馗捉鬼，沒有把鬼全部辦清就喝醉了，於是聚鬼又瀰漫乾坤，等他醒來，已經捉不勝捉，這告訴我們捉鬼必須不斷努力。 一元六角

牛郎織女 幻想故事，跟過去流傳下來的神話不盡相同，然而美麗，動人，像個迷人的夢。 一元八角

少年遊 作者是年青的，寫的又是青年人的活動，據說裏面還有作者自己的影子。因此，這劇本充滿蓬勃的朝氣，像一首清麗的詩篇，像一首雄壯的歌曲。從這裏可以看到北平淪陷以後，愛國的學生怎樣用青春的熱力創造了新中國的希望。而且，這劇本在故事的安排上，人性的表現上，都盡了藝術的能事。年來以學生界情形為題材的劇本很少，這劇就更加可貴了。 三元

嫦娥奔月 作者通過美妙的藝術手法和別致的懷古幽情，寫成這個劇本，它映現我們兒時的記憶，記起老祖母講過的傳奇故事：嫦娥是絕代美人，后羿是蓋世英雄。但是作者點破了我們的幻夢，叫我們正視現實，出現在這劇本真的嫦娥是酷黃盧萊，后羿是專制而又暴戾的形形色色，他們的朋友的。 一元三角

林冲夜奔 本劇取材於「水滸」中林冲誤入白虎堂，劇配滄州道，火燒草料場，風雪山神廟及豹子頭大鬧野豬林故事。全劇充滿對被逼者的同情，和對強暴者的憎恨。劇作者把這動人的故事帶到一個新的境地，出現在他筆下的林冲是好漢，也是有血有肉，有憎愛的活人。 一元二角

正氣歌 朱朝末年，權臣誤國。元兵乘機攻入國都。忠臣文天祥被捕，不屈而死。這種忠義之氣不但令人感泣，更是徵昏中華民族亙古長存的偉大國魂。本劇寫的就是這一段故事。 二元

開明書店印行

果戈理作品广告

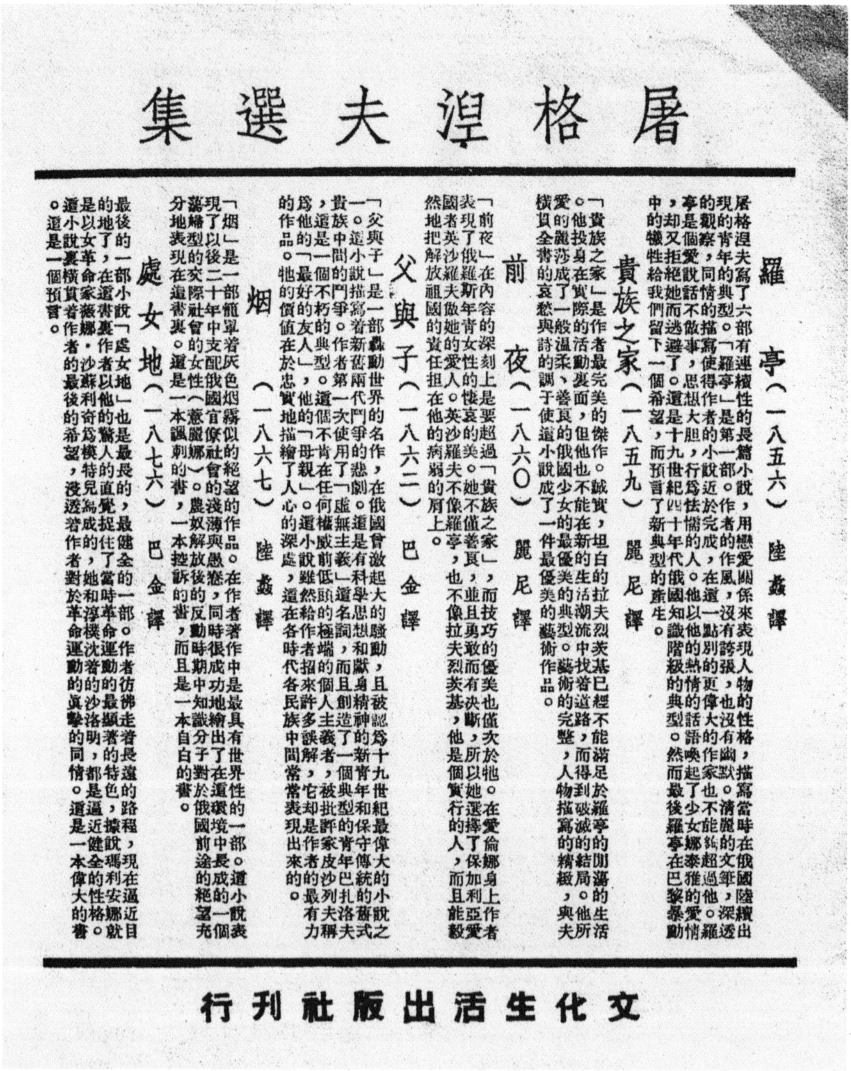

《文学回忆录》包封封底的广告

春潮

屠格涅夫 著　馬宗融 譯

屠格涅夫後期的小說「春潮」，是他作品中最流行的一部。牠的題材和「烟」相似，在這部作品中，作者描寫了當時俄國最時髦的交際花的典型，這是作者多年的企圖，可是在「春潮」中才達到最完美的藝術的實現，所以英國巴林教授在他的俄國文學史中說「春潮是屠格涅夫最富有詩意的傑作。」

「春潮」的篇幅較少，結構卻更完整。背景是在德國，作者描寫了一個僑居德國的意大利家庭。俄國青年薩甯愛上了意大利少女吉瑪。他們已經訂了婚，可是這婚約被他的友人之婆美麗的頗路佐夫人破壞了。那是一個覺鬼型的女性，她同她丈夫打賭，她可以誘惑任何一個他帶到家裏來男的人。她一個一個地征服了他們，使他們變成她的奴隸，但是等她的激情一過，她又毫不憐惜地丟棄了他們。薩甯被她拋棄以後，沒有能夠同他的未婚妻的身邊。他的幸福被毀了。他孤寂地度過了一生，而決定把他所有的財物作為遺產送給他真正愛過的吉瑪的女兒。

文學回憶錄

屠格涅夫 著　蔣 路 譯

對於熱愛屠格涅夫的讀者，「文學回憶錄」真是珠玉般的作品。從這部充滿自傳意味的作品中，我們可以了解屠格涅夫，這位在當時就不僅聞名於他的祖國的作家，他是怎樣走上了成功的文學的道路。這本書的篇幅並不很多，然而，這裏面却容納了對於俄國的主要作家和批評家的客觀而正確的敘述。特別是同憶柏林斯基一篇，更使我們進一步認識了一個批評家的偉大。這是一連串的珍貴的回憶，而且，在某種意義上講，它實在有著文學史的價值。

《文学回忆录》包封勒口上的广告

广告式样

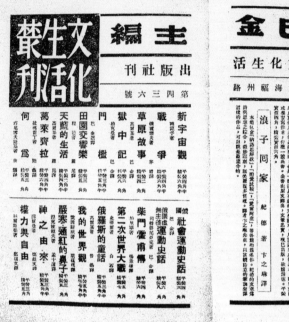

文化生活丛刊广告（一）

文化生活丛刊广告（二）

上海福州路第四三六号 文化生活出版社

- 高爾基著・**天藍的生活**・麗尼譯・平裝 0.二五・精裝 0.四五
  這是高爾基晚年的傑作之一，筆觸老練深刻，以寥寥幾筆，繪出了悲憤的世界和人們的苦惱，是一幅傑出的圖畫。書中所敍爲詩人童年時的初戀，以詩人的筆寫出一段最美麗、最哀愁的故事。末附長詩「初懺」。

- 巧爾尼雪夫斯基著・**何爲**・世爾譯・平裝 0.三〇・精裝 0.五〇
  「何爲？」「何爲」所指示的是一條生活之路，爲巧氏一八六三年在獄所寫，出版之後，立卽成爲青年的枕圖。

- 屠格涅夫等著・**門檻**・巴金選譯・平裝 0.二五・精裝 0.四五
  實穿着本書的共同題材，是舊俄婦女在惠制制度之下不求知識求自由的奮鬥。對於在鬥爭中的中國婦女界，是一件珍貴的禮物。

- 陳範予著・**新宇宙觀**・平裝 0.四〇・精裝 0.六〇
  以平易而饒趣味的筆，將高深的天文物理學的最近發展介紹給衆人的，道是第一部可貴的書。他給我們供獻了健全的、新的宇宙觀。

- 斯特普尼亞克著・**俄國虛無主義運動史話**・巴金譯・平裝 0.六〇・精裝 0.八〇
  本書原名「地底下的俄羅斯」，原著者是俄國地下運動的健將，文筆熱情，敍事忠實。可作巴金先生自著之「俄國社會運動史話」之姊妹篇看。

- 涅克拉紹夫著・**嚴寒，通紅的鼻子**・鄭紹文譯・平裝 0.二五・精裝 0.五〇
  這是俄羅斯最偉大的詩人，民衆詩人涅克拉紹夫所寫的一千五百餘行的長詩，是被認爲最動人、最美麗的。因爲這首詩，他被青年們圖爲比薩式庚和萊蒙託夫更崇高。

- 薛曼爾著・**神之由來**・葉蘊理譯・平裝 0.五五・精裝 0.七五
  本書內容充實而饒興味，自斯芬人的偶像崇拜敍述到文明人的所謂上帝，處處穿挿着神話像說，令人讀之，如讀小說，爲研究宗教進化的良書。

- 愛因斯坦著・**我的世界觀**・孟十還譯・平裝 0.七五・精裝 0.九五
  本書是用新的方法來研究果戈理作品的一部名著，使讀者可以看出果氏寫作技巧進步的路線，全書七萬餘言，由原文譯出，文筆忠實流暢。

- 萬壘塞耶夫著・**果戈理怎樣寫作的**・孟十還譯・平裝 0.一二・精裝 0.三五
  道是當代科學巨人愛因斯坦第一次結集的文集，覺氏近年來的論文、隨感、演說、宣言、談話無不包羅，譯文之忠實流利，我們是敢於推薦的。

- 托爾斯太著・**權力與自由**・鄭紹文譯・平裝 0.三〇・精裝 0.五〇
  權力與自由，到底是何者主宰着人類的歷史，會風行一時，不過略有刪改處所，現由巴金先生跟出並附揷圖多幅，爲本書增色不少。這了這本大文學家和大歷史家托爾斯泰有力的論文後，定會知道一個大概。

- 廖抗夫著・**夜未央**・巴金譯・平裝 0.二〇・精裝 0.四〇
  末夢是波蘭革命者廖抗夫的不朽名作，前有李石曾先生的譯本，

文化生活叢刊廣告（三）

巴金主編 文化生活叢刊

- 史蒂爾著・**第二次世界大戰**
  這是國際政治處檔者史蒂爾近年來的新著,取材宏博,議論精深,為每一個留意國際政局和本國命運的人所不可不讀的書。・白石譯・平裝 0.五〇・精裝 0.七〇・

- 紀德著・**田園交響樂**
  當代法蘭西文壇的一朵冷艷的花朵,法國文學巨人紀德的傑作。這是以一個美麗而悽涼的故事包含著藝術家底苦悶和控訴的。・麗尼譯・平裝 0.三〇・精裝 0.五〇・

- 高爾基著・**俄羅斯的童話**
  共十六篇,用漫畫的筆法寫出老俄國人的生態和病情,而同時,又是世界的,我們中國人看起來,也好像寫著我們週圍的事物。・魯迅譯・平裝 0.三五・精裝 0.五五・

- 柏克曼著・**獄中記**
  監獄生活的回憶,偉大的自傳,用血寫成的聖書。作者是被批評家比作退思退斯基的。・巴金譯・平裝 0.六〇・精裝 0.八〇・

- 巴金著・**俄國社會運動史話**
  以小說的筆調所寫的社會運動史,這是第一部。作者對於俄國社會運動,知靈洞悉,加以如火如荼的筆,是會鼓舞每個說者的心靈的。・平裝 0.四〇・精裝 0.六〇・

- 柏里華著・**柴門霍甫傳**
  ・楊景梅譯・平裝 0.四〇・精裝 0.六〇・

- 高爾基著・**草原故事**
  這是傳記文學中的一個寶貴的收穫,所敘為世界語的創立者柴門霍甫之一生,對於青年,是不無鼓舞的影響。・巴金譯・平裝 0.二〇・精裝 0.四〇・

广告式样

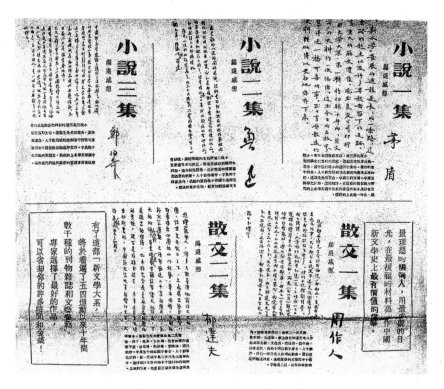

良友文学丛书广告（一）

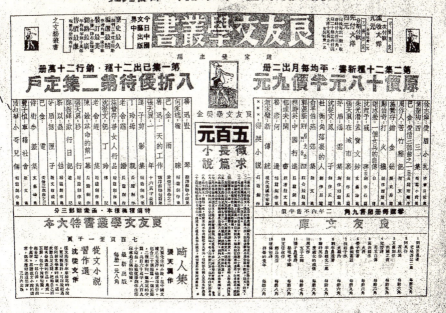

良友文学丛书广告（二）

國際政治參考地圖

金仲華 編

1937年三月增訂本

本書是唯一解析國際情報的地圖，每日讀報時的最好助手，史地政治諸課的顧問教師，一般參政致用的基本工具

1937年增訂本，除將全部材料刪改至1937年一月底最新的情勢以外，並加入地圖多幅，新添「西班牙內戰中的國際鬥爭」，「巴力斯坦問題」，「埃及的形勢」等章。

精裝米色道林紙印
每冊實價一元二角

五大特點

一、本書內容分四部：第一「概說」，第二「列強」，第三「國際鬥爭」，第四「國際聯盟」，凡目前世界的一切演變及下國際政治的發展頁面，無不包括在內。

二、本書編者方法，文字與圖畫並用，以文字的綜合敘述，幫助讀者對於地圖情勢的認識，以地圖的插圖，主要是對不必要的自然的疆界易明瞭。

三、本書內附有種種圖解，主要是對國際政治情勢的說明，表示國際政治的各種動向，當讀者讀文字時，翻這資料有關於方面的，有機的現勢方面的。

四、本書文字部不系統，其中包括主要情勢的分析，與參考資料的提供，卷首資料有係的分冊的，都可當一般參考時的工具。

五、本書對當前國際政治的基本預報皆有可究校史地政治的教的種完實物，也可當一般人每日讀報時的參致工具。

世界政治

世界知識叢書之十

張宗漢 邵宗符 合譯

實價一元

本書為英國政治家杜德（Palme Dutt）特勒月刊（Labourmonthly）思想所述，對於國際政治之研究。杜氏辛苦積十餘年之心血之結晶。全書二十萬言，計分九章：首論資本帝國主義二十年來之國際政治作一概括的俯視，次論戰後資本主義世界之經濟衝突及世界和不樂達的幻波，再次論蘇聯之內政外交，既留資本列強之一般危機。世界政治危機，勁人的描寫不能。而杜氏以其不列顛正宗之政治經濟學者的身份，具豐富之政治閱歷，對於當前繁雜如幻的材料作一般的整理而且詳細分析，所以令世界政治及其中平和的政治家，莫不令由有理論的啟示，與深刻的見解，對認讀國際問題之政治家，莫不以此為讀本，而西注意國際問題者尤不可不人手一編。

上海生活書店發行

今廣承北交通
州重口中

世界知識叢書廣告（一）

爱看书的广告

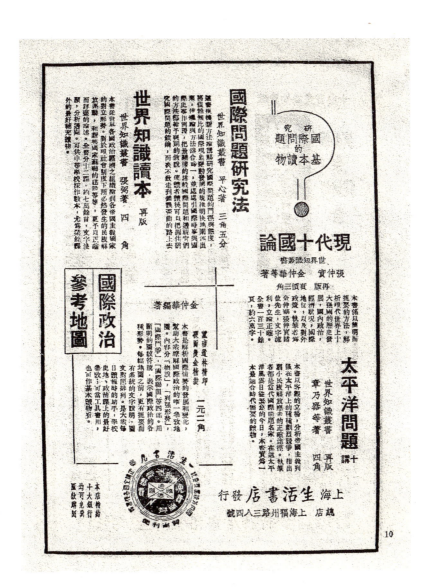

世界知识丛书广告（二）

世界知识丛书广告（三）

世界知识丛书广告（四）

研究日本政治・經濟・社會的最好讀物

世界知識叢書

當日本作戰的時候

蓉寧、扮罕合著　劉鼎棋譯　實價八角五分

本書為目前世界估計日本作戰能力的唯一專著，特點有三：一、大膽指出目前日本軍事何者充實，何者薄弱；二、以唯物辯證法推測日本在作戰將發生的生產諸力間的衝突，及其國內革命的危機，三、所引資料，均為一九二一年以迄一九三六年之間。全書以分析化動員之目標為中心，並述九・八役華以後，其國內軍事經濟文財政的枯渴，社會階級間的矛盾。暴露無餘。

日本的透視

歐脫萊女士著　董之學譯　實價六角

　　世界知識叢書

在列強八洪副場，如估計自己的力量，如估計敵人的力量，都是必要的，或從各方面來分析日本內在的實情，找出它們在政治上的各種不安因素。著者根據的是最正確的材料，而所用的又是最科學的方法，所以本書是一個鏡子。安狀瑰地照出了廣變魎的老虎，原是用狐假虎威成的一面假旗。對於正在準備決門的我們，實在是很好的武器，我們向一切爱推炫者推荐这一本好書。

今日的日本

黑白著　冷璧著　實價一角五分

　　黑白叢書之十一

今日日本是矛盾、混亂、悲愴、聖源、踏落挣扎的綜合體。本書將作者其在其祖國深刻的觀察，把日本社會和政治顯示在紙上，經門狀況，大衆生活的取向鬥爭，體之不能不以以幫助我們認識後慢者外强中乾的面目，並且可以加强我們民族對立的表致，以及推論日本政治今後的動向。

— 生活書店總經售 —

日本政治研究

王妃元著　三角五分

　　青年自學叢書

管「現代日本政治」六個時期，輕輕地映入我們眼底的時候，我們的腦海就不有期地會湧現拳一經綸暗道：天皇—軍部—內閣—財閥—政黨—官僚—國民大衆—矛盾！矛盾！矛盾！……這是一本簡潔的日本現代政治史，從上述的「六輪磁道」中就可道出迅速的內容。全書從日本初期資本主義的飛躍狀况起論到法西斯運動的喬生及猖狂的現狀，人民戰線運動，沒落期的資產階級政黨、現代日本政治機構中之元老，宦臣，官僚集團對立的表面，以及推論日本政治今後的動向。實為研究今後的動向的一本最好入門書。

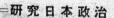

生活書店發行

世界知识丛书广告（五）

妇女生活丛书广告（一）

妇女生活丛书广告(二)

黑白丛书广告

《中国的一日》广告

爱看书的广告

青年自学丛书广告（一）

青年自學的指針

求適合大衆的興味和當前的需要,對各項問題的解釋,尤重實例,凡講述基本知識或基本問題的書,更列舉節,每章末尾,練習題和參考書目,以便讀者作進一步練習自修之用。撰稿者均係各科專家。用卅六開本厚報紙印,每月發行二册,五日及二十日出版,每册約自三萬至五萬字,必要時加銅鋅版插圖。本叢書最適宜於中等以上學校採作教本,或從事研究者,有志自修者,更不可不一籌此書。

第二輯目錄

十二月五日起開始出版

- 歷史唯物論講話 平心
- 文藝思潮小史 徐懋庸
- 中國社會性質問題論戰 何幹之
- 青年應當怎樣修養 貝葉
- 怎樣研究政治經濟學 柳湜
- 新哲學的人生觀 胡繩
- 中國文字的演變 童振華
- 新聞學概論 胡仲持
- 國際戰爭的基本知識 錢亦石
- 產業革命講話 張仲實
- 怎樣研究世界經濟

第二輯發售預約

第二輯 十二册
預約價每輯三元
郵費國內免收
國外二元七角　港澳九角

本店特約各地中國交通上海新蒼街江興業江蘇省藝民大陸棗儒發興誠富漢新等十大銀行均可及費應款訂購省覺促利

21

青年自学丛书广告(二)

大衆知識的淵

本叢書以介紹各科基本知識和研究方法，輔助青年自動學習為宗旨。態度注重客觀而公正。內容包含社會科學與哲學、和國際問題的基本知識；文藝問話、寫作修養與文學藝術的某本理論；自然科學的最新而有價值的發明知識，以及其他切要問題的單獨研究等。文字力求通俗明暢；取材務

第一輯月內出齊

社會科學研究法　四版　下心三角
現代哲學的基本問題　三版　艾思奇三角
怎樣閱讀文藝作品　三版　張仲實三角
政治常識講話　三版　柳湜三角
民族問題講話　再版　吳清友三角
世界經濟地理講話　再版　胡愈之三角
文學與生活　再版　胡繩三角
怎樣研究中國經濟　再版　錢俊瑞三角
現代外交的基本知識　張鐵生四角
思想方法論　艾思奇四角
中國怎樣降到半殖民地　千家駒石西四角
寫作的準備　月內出版

上海生活書店發行
總店　上海福州路三八四號

青年自學叢書

生活书店新书与重版书广告

世界文库广告（一）

广告式样

世界文库广告（二）

生活书店图书广告（一）

生活书店图书广告（二）

爱看书的广告

生活书店图书广告（三）

鲁迅先生的译作

桃色的云

爱罗先珂著 再版 实价七角

译者的序要这样说：「这是爱罗先珂创作集第二册中的一篇童话剧，著者自已觉得这一篇更胜于先前的作品。意趣方面，大约是可以无须乎辞说的。因为无论何人，在风雪的呼号中，花卉的议论中，虫鸟的歌舞中，谅必都能够更洪亮的听得自然母的言辞，更锋利的看见土拨鼠和春子的运命。世间本波有别的冒说，能比诗人以语言文字蓦出自己的心和梦，更为明白晓畅的了」

本店特约十大杂志均有代售 欢迎定阅 邮费免收 无任欢迎

小约翰

F.望·蔼覃著 再版 实价八角

这是一篇「象征写实底童话诗」。无福的诗，成人的童话。因为作者是荷兰的著名的抒情诗人，他的博识和敏感，或者竟已超过了一般人的童话了。其中如金虫的生平，菌朝的冒行，火萤的理想，蚂蚁的和平论，都是实际和幻想的混合。荷兰海边的沙冈风景，在本书所描写的，尤足令人神往。

表

四版出书

这是一本内容簇新，非常有趣，而且很有名声的中篇童话，描写一个流浪儿在一个新的环境之下如何变成好孩子。鲁迅先生会抱了不小的野心翻译此书。他说：「第一，要将这样的崭新的童话，介绍一点进中国来，以供孩子们的父母，师长以及教育家，童话作家来参考；第二，想不用什么难字，使十岁上下的孩子们也可以看。」我们将这名贵的译文贡献给亲爱的读者和全国的孩子们的父母，师长，教育家，童话作家以及十岁上下的弟妹们。

苏联·班合莱耶夫作

精装一册实价四角

生活书店发行

总店 上海福州路三八四号

生活书店刊物广告(一)

广告式样

生活书店刊物广告（二）

生活紀錄
（二版）

本書的特色是由各種生活不同的人，赤裸裸的寫出了他們的生活。這裡面有的是工人，有農民，有兵士，小販和挑夫，有店員，學徒和練習生，有教職員和校工，還有學生，有職業婦女和主婦，有找職業的困難，有保持職業的困難，有失了職業的懊惱。他們所寫的是一個個社會寫照的縮影以及他們在社會各色各樣的累暗以及他們在隨現實生活的漢奮的精神。想多了解一點現實生活的朋友們，請讀讀本書罷。

（實價三角）

讀書與寫作
（二版）李公樸編

有很多人只知讀死書，沒有適當的方法；只知向書本子裏求知識，而不了解求知識與實踐的關係。

在這本書裏包括三十幾位著名的意見，但這些意見並不是什麼零碎們的敘述，而是各著者從實踐中得來的經驗，一致的指出讀書與生活的聯繫性，並指示了正確的讀書方法與態度等等。

至於寫作方面，也把寫作上的種種問題如讀材的選擇，寫作的技巧及創作的態度等都很扼要的討到了。

（實價六角）

社會常識讀本

讀書常識（六版）	庶謙編
讀報常識（六版）	文博編
帝國主義（六版）	伯韓編
中國歷史（六版）	敬之編
國際關係（四版）	伯韓編
世界地理（四版）	敬之編
婦女問題（四版）	楚雲編

這套常識讀本可以說是開創教科書和千字課等讀物的一種先例。因為這套書的作者，是有大眾教育經驗的人，從實生活的體驗中消化出來的。所以選材適合大眾的生活與時代的要求，和那至想的大眾知識完全不同。一切成人補習學校，工農，店員，學徒，婦女等讀書班，都可以用他作為效本。所以這套常識讀本的出世，真的是替千千萬萬民眾，解決了一個教科書或自學書的問題。

我們謹向全國從事平民教育的先生們，和一切自學的朋友們，保證這套讀本的價值。

每冊實價八分

團體整批購買，另有特別優待

讀書生活出版社 發行
上海靜安寺路斜橋弄七十一號

广告式样

新哲学大纲

实价一元二角

米·定拉家雍基等十数家哲学集体著作

艾思奇 郑易里 合译

哲学是不断地进步奔腾的。每年都有新的哲学，新的战斗，新的收获，新的发展。它比一年比一年更丰富，更深刻。……这本书，就是它最近的结集所著最近的结集，一位苏联新进哲学家，趣过了两年多，才写成这一本十七万字的伟倜工夫。全部唯物辩证法和认识论各方面的问题，都深刻地提到，有很多地方是其他哲学家作所从来没有说过的。中国的读者能和它见面道不是很值得庆幸的吗？

怒吼吧中国

铁捷克 著
罗稷南 译
每册实价三角

以中国的民族解放运动为题材，而获得世界成功的戏剧作品，谁都要承认「怒吼吧中国」是第一部。这剧本，在中国上演过好多次，但直到现在还没有忠实可靠的全译本。我们所以要出版罗稷南先生的译本，就是为罗稷南的译本准确流畅。本书译笔准确流畅，可以弥补这一缺陷。本译本可定本。

近代哲学批判

三版
沈志远 著
每册实价六角

新的哲学不是二三个灭才家空想出来的哲学。它总从旧哲学基础上发展下来的最高成果。研究新哲学，如只限於十二本辩证法唯物论的书，是不够的。我们必须彻底发展过去到批判过去的各辩论时代以前的各种思潮。……在中国，新哲学的呼声虽然已有不少，但从新哲学的观点上，对於过去哲学思潮作一个总的批判的著作还是很少的。本书对于十六世纪以来的各大哲学流派别的代表，如笛卡儿、十八世纪的法国唯物论者爱希特，谢林，黑格尔等都有很正确的批判；对於新哲学底发展过程和最新成果也都谈到了。

上海 读书生活出版社 发行

读书生活出版社图书广告（二）

爱看书的广告

读书生活出版社图书广告（三）

《少年的书》丛书广告（一九三七）

新文學教程

維諾格拉多夫著
以羣譯
每冊實價四角

維諾格拉多夫是蘇聯一位有名的青年文學理論家，本書是他最新的傑作，蘇聯各中等學校，都採作文學課的教本。單是第二版就銷去二十萬部，還不能滿足各方面的需要。因為是「教程」的性質，所以關於文學的諸問題（如定義，主題，典型，性格描寫，結構，風格，方法，形式等）都有極正確，明瞭，有系統的敘述，而且處處引證實例，不落空套。對於初學文學的人們是一部最完備的入門書，所以日譯本就定名為「到文學之路」。料想，我國的文學青年們也是迫切地需要的吧！

本書譯者其他譯著

給文學青年的信	蘇聯文學講話	怎樣寫作
高爾基著	蘇維埃諸大會	高爾基著
($.20)	($0.60)	($0.25)

上海 讀書生活出版社 發行
靜安寺路斜橋弄七十一號

《新文学教程》广告

广告式样

新知书店图书广告（一）

翻譯小叢書之四

社會和家庭

蘇聯 V·斯維脫洛夫著

常樂生譯 每冊二角

本書把資本主義制度下的家庭，跟社會主義制度下的家庭作一比較；敍述蘇聯努力建設新的男女關係、新的生活方式和新的家庭的經過；批判一切不正確的理論和傾向；例如法西的理論，一夫一妻制消滅論，家庭消滅論；性的放縱的傾向，因從事社會事業而不顧家庭、不顧妻子和孩子的傾向等等。本書優點是理論深刻，描寫生動，例證豐富

牛頓原理批判	（翻譯小叢書之一）	$0.20
現代殖民地經濟論	（翻譯小叢書之二）	$0.20
論廣義政治經濟學	（翻譯小叢書之三）	$0.70

上海 新知書店 出版
環龍路福壽坊
電話 八四四一號

婦女問題講話

杜君慧著　實價四角

這是一本關於婦女問題的入門書，應用了科學的歷史觀，對各個不同時代中的婦女地位，婦女問題的發生及發展，中國的婦女運動和法西國家的婦女運動，以及蘇聯的婦女生活等等，都作一有系統的分析及描寫。對於目前許多盲目理論，也加以嚴正的批判。

新知书店图书广告（二）

广告式样

經濟學名著 資本論續篇 出版預告

卡爾·馬克思原著

剩餘價值學說史

卡爾·考茨基編　郭大力譯

「剩餘價值學說史」，依照著者馬克思原來的計劃是「資本論」第三卷。恩格斯後來計劃把它編成「資本論」第四卷。最後考茨基在這個名稱下把它編成出版時，它是和「資本論」一樣，包含三巨卷。第一卷論述剩餘價值學說的起源到亞當斯密，第二卷論述果嘉圖；第三卷論述由果嘉圖到庸俗經濟學。但它不只是一部學說史。通常的評價，是視為「資本論」的不可缺少的補篇，是剩餘價值的性質，它的起源和它的諸特殊形態。「剩餘價值學說史」和它的根本問題，是一樣的。對於「資本論」已經熟習的人，用本書來補充，才能把它的思想內容最深刻地探取出來。因之，本書譯者，在譯完前書後，又根據考茨基原版，將本書譯成中文，由本社印行，以貢獻於每一個對經濟理論和現實有興趣的讀者。全書百餘萬字，一千七百餘面，即將出版。

全部排印
三卷中
印出

讀書出版社發行

基本定價國幣二十一元（連附冊）

读书出版社印在书籍包封的图书广告

广告式样

生活·读书·新知三联书店图书广告（二）

爱看书的广告

生活·读书·新知三联书店图书广告（三）

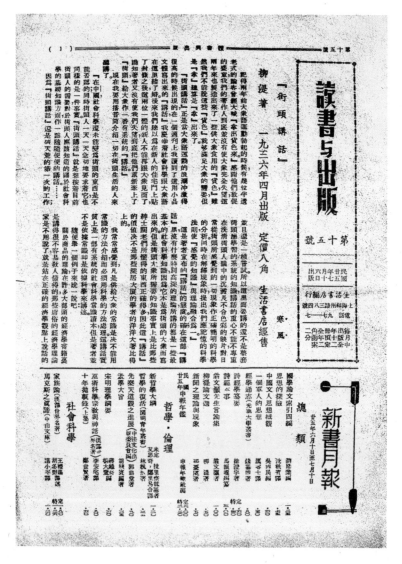

生活书店编印的广告小册子《读书与出版》(一九三六年七月)

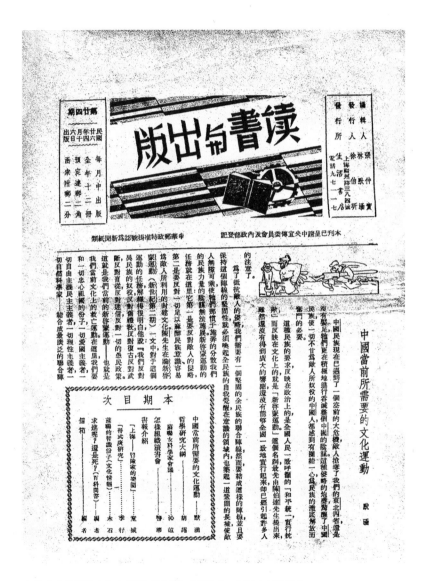

生活书店编印的广告小册子《读书与出版》(一九三七年四月)

復刊詞

本刊第一次創刊在民國十七年，那時開明書店創辦還沒有好久。大約出了兩年以上，不知是不是為了九一八事件發生，停刊了。（手頭沒有舊刊，故不能確知。）到了民國二十五年一月一日，才又變相復刊，改名「讀書俱樂部」，每月一日十六日附於本店出版的「月報」上。到了二十六年的一月，又改附於本店出版的申報發刊。這樣出了一年，在二十六年八月，「月報」因抗戰軍興而停刊。「讀書俱樂部」當然也停了。抗戰八年，本公司掙扎了八年。勝利後一年餘，我們次第復員，戰前的業務的崗位，未嘗有所失職。膝利後一年餘，我們次第恢復，於是本刊又復刊了。

本刊是開明書店的宣傳刊物，但是我們不願意把他僅僅做成「宣傳」刊物，我們要給讀者一些東西，至少使讀者讀後有所獲得。譬如說，我們要刊載幾篇「書評」，這些書評不只是廣告式的捧場文章，我們注重的是「評」，對於作品本身要有闡發。我們每期要介紹一位當代的作家，使讀者對於他的序文，以作新書的紹介，以作作品進一步的認識。我們還要報道作家的動態，本店將出版的新書，本店書籍的縮影等。歸結一句話，我們要引起讀者對於書籍的愛好，提高讀者的閱讀興趣。這是我們的責任，也是我們的義務。

本刊第一次刊行時是月刊，第二次是半月刊。這次復刊，暫時是不定期刊，但總希望他仍能是定期刊。

— 1 —

开明书店编印的广告小册子《开明》新一号（一九四七年七月）

读书人毛泽东

介绍《毛泽东的读书生活》

毛泽东一生酷爱读书，哲学、经济学、政治学、军事学、文学、历史学、地理学、自然科学、技术科学等方面的书籍以及各种杂书，他广收博览，甚至宗教典籍，诸如《金刚经》、《六祖坛经》、《华严经》和《圣经》等书，也读过不少。

作为一个马克思主义者，毛泽东当然读过大量的马列经典。曾有外国人说，毛泽东未曾读过《资本论》，其实早在延安时期，他就阅读和批注过王亚南、郭大力的译本，解放后又几次读过。他阅读过的这类著作，有大量的批注文字和圈划符号，可以从中看到他的某些思想痕迹和线索。

从本书披露的材料来看，除了马列经典书籍，毛泽东读得最多的大概要算中国古籍了。早在井岗山时，他就曾查找过《三国演义》之类的书籍，后来条件好起来，到"文革"前他的藏书达到了几万册，其中古籍占绝大部分。四千万字左右的《二十四史》他不仅通读过，有些部分还读过好几遍。另如《资治通鉴》、《续资治通鉴》、《纲鉴易知录》、各朝纪事本末和《东周列国志》等书，以及《永乐大典》、《四库全书》、《四部备要》、《古今图书集成》等丛书，都曾反复读过。

在古典文学中，毛泽东特别欣赏《红楼梦》，他曾说过，《红楼梦》我至少读了五遍……开始当故事读，后来当历史读。

在社会科学中，毛泽东对哲学书籍比较重视。延安时期他系统精读苏联的哲学教科书，留下了两万字左右的批注文字。

《理论风云》和《为人道主义辩护》

十一届三中全会以后，一大批理论家率先响应，从理论上清算种种极左错误。其中，李洪林、王若水两位，成绩相当突出。他们写的文章，一时争相传诵，受到读者拥护。七、八年来，在党中央领导下，对极左路线的批判清算日益深入。李洪林、王若水等理论家不顾理论界的风风雨雨，斗志不减，认识更有提高。为了及时总结成果，三联书店特地出版李、王两位的论文集，收入《研究者丛书》。李洪林文集名《理论风云》，除了收入有关论文外，并写有详尽按语，以志理论界前前后后的风云变幻（每册3.65元）。王若水文集着重收集论人道主义的文章，取名《为人道主义辩护》，其中除已在报刊发表的文章外，更有长篇新作，极论社会主义人道主义之必要，平心静气申述自己的主张（每册2.05元）。

从本书提供的情况来看，毛泽东偏重于阅读马列著作、哲学、中国历史和中国古典文学等方面的书籍，而对外国文学作品、中国现代文学作品则读的很少，至于经济管理、尤其是国外有关社会化大生产管理等方面的书籍，就更少读及了。书中提出，这一情况不能不使他的思想受到局限。

本书由龚育之、逄先知、石仲泉等编写。每册1.55元。

1

生活·读书·新知三联书店编印的广告小册子《三联信息》（一九八六年十月）

广告式样

书籍广告谈

漫谈书刊广告

钱伯城

大概也是一种癖好吧,由于爱书,我一向喜欢浏览、阅读报纸与刊物上的书刊广告。老一辈的文人学者大都经历过某一时期的逛旧书店的乐趣。解放前的许多人一有空就跑三马路。跑进一家旧书店,东翻翻,西看看,偶尔在乱书堆中发现一本自己所要的书,价格又低廉,真是喜出望外。就是不买什么书,光是在书架、摊头留连一番,兜个圈子,也乐在其中了。我浏览、阅读书刊广告所得的乐趣,与此大致相仿。久而久之,养成了一个习惯,每看到一则书刊广告,竟会将它当成艺术品来欣赏,玩味其得失,评判其优劣。看到好的广告,就像读到一篇好文章,令人击节叹赏。看到拙劣粗浅的广告,则令人扫兴。

以上所说,自然只属于我个人的爱好,不可能人同此"癖"。书刊广告的主要作用,还应是广告宣传,是出版界向读书界提供最新的出版信息,是沟通出版社与读者之间信息交往的一座桥梁。我经常给一些青年编辑同志传授"经验",希望他们随时留心各种书刊广告,养成浏览、贮存的习惯,因为从中可以获取和积累大量的出版信息与学术动态。相当一部分的知识可以通过这种方法积累起来。我们不可能读遍所有出版的书刊,但是书刊广告却是它的快速缩影,为你提供书刊的丰富知识。书刊广告有如此的作用,出版社就应该重视这个工作。书刊广告既然是广告，就要讲求做广告的艺术，把它做得生动活泼，吸引读者的注意，诱发他们阅读的兴趣。书刊广告一方面是要有广告的特色，另一方面更需要有书刊本身的特色。同商业广告不一样，书刊广告要尽可能地避免一些"商业气"，多增加一些"书卷气"。这或许算得上是书刊广告的特殊性吧。

但是，书刊广告要做到具备"书卷气"，而又不至于流入"商业气"过重，或者只会"掉书袋"，以掇拾陈词滥调为能事，也并非易事。一九七九年我去北京出差，有机会拜会了三联书店的负责人范用同志。他是三联书店前身之一读书生活出版社的老同志，我当年也在生活书店工作过，所以虽是初识，却一见如故。闲谈中谈到三十年代生活书店的书籍广告，彼此都有同感，觉得那时的广告今天仍然有许多可以取法借鉴的地方，还互举了一些那时广告做得好的例子。我不过是凭记忆随便谈谈，范用同志却立刻搬出了他所珍藏的三十年代的书籍广告复制件，有近百则之多，供我观赏，使我如晤旧友，眼前又浮起了三十年代出版界的一幅兴盛景象。范用同志见我与他同好，显得很高兴，便提出要我写一篇介绍关于三十年代书籍广告的文章。我一方面钦佩他是重视书刊广告的有心人，另一方面也觉得多年来书刊广告此道不讲久矣，应该鼓吹、提倡一下，便欣然答应了下来，并在旅馆里根据他所提供的资料和我自己的记忆，写了一篇短文章。这便是后来刊登在当时创刊不久的《读书》上的《漫谈三十年代的书籍广告》一文。随后范用同志又用"三联书店资料室"的名义，编了一本收录三十年代书籍广告的小册子，把这篇文章做了前言。这本小册子在粉碎"四人帮"后召开的长沙第一次出版会议上，曾分送与会代表，表示一点提倡的意思，供出版同行们参考。

我举这事想说明：做书刊广告是要动点脑筋，花点功夫的，要把它当作一种"创作"看待。三十年代的出版界就是这样做的。再有，书刊的宣传、介绍与推广工作，广告是不可缺少的一个环节，决不是可有可无的。三十年代出版界普遍重视书刊广告的作用，也是促使当时出版繁荣的一个因素，至少我是这样认为的。

现在大家都谈"观念更新"，的确，许多旧观念有了改变。拿宣传说吧，不管是工业产品还是精神食粮（书刊），对广告都开始重视起来了，增强了"商品意识"，比之于"文革"及其以前，把广告视为资本主义作风，自然是很大的进步。但是，从当前出版工作要求的角度来说，对书刊广告的重视还嫌不够，某些观念有待继续更新，"商业意识"也有待继续增强，虽然出版界的"商业气"是要避免的。

应该承认，多年来，出版部门对书刊广告这个工作，没有考虑在整个出版工作的组成部分之内。这也不能单怪出版社，社会各行业对广告的看法莫不如此。但是现在整个社会的风气转了，广告的地位与作用越来越为人们所重视，出版社在这方面若不赶上去，或尚有迟疑，就不能适应形势了。

轻视广告，或认为可有可无，或虽有所重视但不讲究艺术，这是当前出版社宣传工作中的主要问题。例如说，书出版了，还怕没有人买吗？广告登不登都一个样。读者如要买这本书，你不登广告他也会买；他若不要这本书，你登了广告也没用。还有，广告费越来越高，面对着几百几千的付款单据，负责人签字的手不免感到沉重；签过一次，第二次就要犹豫了。诸如此类等等看法，决不是个别的人，可统称之为"广告无用论"，多多少少影响书刊广告工作的开展。

另有一种情况，他倒并不轻视书刊的宣传，但是认为与其出钱登广告，不如多写点书评或介绍文章，送给报纸登载，既省了广告费，作者还可收入稿费，又起了广告宣传的作用，一举数得，何乐不为。殊不知，书评之不能代替广告，犹如广告之不能代替书评。何况书评又不是你写而人家必登，这个决定权可不在你自己手里。

好多出版社办了"书讯"一类的小报，这对于推广宣传本社出版的图书，无疑起了良好的作用。但是，这类宣传品主要采用的是"书评"形式，关于每本书的介绍大都写得冗长乏味，内容则是泛泛的简介和赞誉，有的则堆砌些华丽的辞藻。小小的版面上，几乎全是大块的文章。这类"书讯"，说实在的，称它是"书评"够不上，称它是广告又不像，传递信息更不及时，尽管编者很吃力，写者很卖力，收效恐是甚微的。所以，倘以为不如将广告费用来办自己的"书讯"报，只能说是一种不了解广告作用的看法。报纸销量大，读者面广，传播信息快，这是自办的"书讯"万万赶不上的。当然，"书讯"还是可以办，宣传手段不妨多种多样，但要办得生动、活泼、及时。目前多数的"书讯"是不合格的。

现在一些出版社对书刊广告，大都已经重视起来。特别是各省的一些出版社，在中央级的报纸上登起广告来，经常是半版半版的，个别还有整版的，气魄之大，令人叹服。上海的出版社，好像还缺少这样的气魄。不过，总的来说，当前各个大小出版社的书刊广告，从形式到内容都显得单调。不论是大广告，还是小广告，只限于刊载书名、作者与定价，内容如何，则不着一字。即使遇上有内容介绍的，文采笔调，精彩者殊少。因此就我个人作为一个书刊爱好者和书刊广告爱好者而论，是感到不满足的。

我不知道现在各出版社是不是设有专职的广告人员，我看应该要有专职的广告设计与撰写人员。各个出版社的总编辑应该亲自抓这个工作，至少是要关心这个工作。专职的广告人员，他的职责是负责各种广告的版面设计与文字撰写，要不断追求创新，独出新裁，甚至标新立异。他应该具有编辑人员的水平，同时也应该享有编辑人员的待遇与业务职称。广告工作与编辑工作虽有所区别，但也有共同点，这就是共同的业务知识与业务水平。一个称职的编辑，就其工作范围来说，广告宣传也在其内。一个编辑，既懂得写审稿意见，又懂得写书评，更懂得做广告，他的编辑业务就全面了。反过来说，广告人员能像编辑那样，他的广告业务也就全面了。

要做好书刊广告，我的看法，基本的要求有"三熟"，第一，熟悉本出版社所出的图书；第二，熟悉这些出版物的内容与特点；第三，熟悉这些书的作者姓名。我发现，有些书刊广告在以上三个方面经常出现差错，有的甚至张冠李戴，闹出笑话，这原因就是在设计与撰拟广告时，不是"三熟"，而是"三不熟"。这是做广告的大忌。然而，仅仅"三熟"还是不够的，还要有点美术头脑、艺术眼光、读者心理预测、精炼的文字表达能力等等。但"三熟"是基础，缺一不可。有了这个基础，提高创新就比较容易了。

我谈了这么多的关于书刊广告的重要性，当务之急是什么呢？我看要紧的是应该抓一抓书刊广告专业人员的培养，造就一批有志于此的优秀专业人才。就上海说，上海出版局能不能办一两期书刊广告人才的短期培训班，作为重视与开展书刊广告宣传工作的倡导呢？

一九八六年十二月十四日

施蛰存写广告（摘录）

李 辉

作家亲自动笔为图书写广告，是"五四"新文学开端之时便形成的好传统。鲁迅、叶圣陶、徐志摩、巴金、胡风、卞之琳、叶灵凤等，都深谙此道，屡有佳作，施蛰存先生也是其中一员。三十年代他为现代书局主编"现代创作丛刊"时，曾为其中的十五部作品撰写了广告。

收集到施先生的这些广告，是十年前撰写《沈从文与丁玲》一书时。在翻阅《现代》杂志的过程中，我抄录了一些现代书局的广告，约二十多则，整理出来后寄给施先生，请他确认。他回信将他写的和叶灵凤写的分别做了说明。最近，接华东师范大学出版社来信，得知他们正在准备出版《施蛰存全集》，我欣然提供施先生的信件以及这些广告。

与同时代的作家如叶圣陶、巴金、胡风等人一样，施蛰存既是作家，也是编辑家，称得上出版、文学的多面手。当年他所主编的《现代》杂志，无论在版式上还是内容上，都颇具大家风范，堪称文学重镇之一。他为自己主编的丛书写广告，也颇为卖力，不敷衍，不应景，于片言只语之间凸现功力。这些广告，既显示出作为文学家的鉴赏力和作为编辑家的眼光，也颇有精明的商业头脑，在三者的相得益彰上，他似乎超出其他人。如丁玲一九三三年因被国民党特务绑架而告失踪,现代书局不失时机地出版丁玲的《夜会》,施蛰存先生撰写了两则不同广告,在高度评价丁玲的文学成就的同时,强调该书所收作品是丁玲失踪前的最后新作。这一做法,显然与当年上海出版界的多样化和市场性强有关。

  许多年后再读施蛰存撰写的图书广告,更让人入迷的是他的优美文字和鉴赏力。他往往能以简略的一两句话,把该作品的特点画龙点睛地概括出来,让人读后留有深刻印象。在这一点上,近年来中国出版业的广告虽有起色,但仍有所欠缺。因此,再读读前辈文人的广告文字,是颇有教益的。

谈书籍广告（摘录）

赵家璧

二十年代、三十年代在良友图书公司，我兼管所有我编的出版物在内外报刊上的广告设计和内容介绍。所谓对内刊，主要指月出一期销数四万份的《良友画报》等自己出的期刊。所以今年开始，上海书店投巨资影印全部旧版的《良友画报》（一九二六——一九四五）一百七十二期，精装成二十六大卷，我全力支持这件事，因为《良友画报》虽非我所主编，但我在良友时期编辑出版的二三百种图书画库之类，最早的广告都是第一次在《良友画报》上与读者见面的，所以我对负责这项繁重的影印工作的老出版工作者郭小丹笑着说："我在编辑道路上所留下的大大小小深深浅浅的足迹，都可以在《良友画报》的封二封底或插色广告上留下来了。"那不但在各种良友版画报上，包括林语堂主编由良友出版的大受左翼作家批评的《人间世》各期封底广告，以及巴金、靳以主编良友出版的《文学月刊》上所有本版书广告，都出于我手。这也许和中学时代担任校刊《晨曦季刊》总编辑时兼任该刊广告主任，从而使这个校刊，能用高级印刷在当时各校校刊中既具有自己的特色又能靠广告收入使校刊收支平衡那一早期的经验，把我培养成为长大了懂得广告的重要意义和作用有关吧。至于刊于《申报》第一面的全版广告，开始也亲自动手，以后汪汉雯同志来协助文艺书的美术装帧设计，有些广告，也请他协助了。对《新文学大系》，又出了三个样本，在发售预约时，等于赠送给预约者的（三十六开一小册，收成本一角）。这些关于宣传推销等工作，有关出版物的销路，我都抓得很紧，店方对此也大力支持，肯花宣传广告费，不很计较，因为当时报刊广告费用较低，而且事先我早已在那份成本表里，打了进去，经理也无话可说。

今天的出版社与书店的明确分工，迫使编书者不必去关心出版物的命运，把文稿送出编辑室大门，就万事大吉。现在出版社虽也设有总编室，下分宣传广告等专门小组，但对出版样本之类，难得重视。前年，"上海文艺"续编《中国新文学大系》第二辑（一九二七——一九三七）二十卷，规模大，成本高，经我几次说服总编辑丁景唐，才算印发了解放后第一本《样本》，改称《宣传手册》，附巴金、周扬等作序者的近影和手迹，很受读者欢迎。

这类事与整个出版体制有关，但是对新书出版后，不见广告宣传，作者和读者都是很有意见的。我上述的那套编辑包办一切，也并非所有旧社会出版社编辑都那样，我相信大书店如商务、中华，编辑决不如此打杂，样样管。我仅仅把自己过去那种编辑包干一切的落后的手工业方式，在此顺便说说我是怎样当编辑的。可能读者会笑我，但我到今天还可找到一个同道者：北京三联的范用总编辑，他就样样都管，因而他手下的人，就怕这位"老板"。我认为范用是一位了不起的真正的出版家，在社会主义出版事业方面，我最钦佩的就是他，他懂得出版做宣传广告的重要性。他还曾把三十年代生活书店所设计刊登的许多幅广告汇编成册，前附几篇有关广告宣传重要意义的文章。这一小册子他曾赠我一册，可见他是一个有心人。我的《编辑忆旧》在他帮助下出书前，他就鼓励我，把三十年代良友设计的书籍广告，摄成照片，放入正文作插图，这是其他编辑所不能欣赏和理解的。

广告·文学·文明（摘录）

李一氓

广告，古已有之，约有市招、招牌、幌子诸名，都和店铺连在一起；如和商品包装连在一起，就叫仿单了。有商业行为，有商品，自会有广告。我们看张择端的《清明上河图》这幅宋画，就可以指点出来，开封城外这各种店铺的各种市招。

但是卖书的广告，有的就附刻在原书上，普通叫牌子。兹举例如下：

一、明万历本萧山来氏《宣和印史》："宝印斋监制《宣和印史》，夹违四棉纸、墨刷、珊瑚朱砂印色复印，衣勋绫套，藏经笺面，定价官印一套纹银一两五钱，私印二套纹银三两。绝无模糊、倾邪、破损。敢悬都门，自方《吕览》。恐有赝本，用汉佩双印印记，慧眼辨之。来行学颜叔识。"（见序前）

二、明万历本萧山来氏《宣和印史》："宝印斋监制珊瑚、琥珀、真珠、朱砂印色，每两实价五钱；朱砂印色，每两实价二钱。西陵来行学颜叔识并书。"（见书后）

三、明崇祯本插图《月露音》："杭城丰乐桥三官巷李衙刊发，每部纹银八钱。如有翻刻，千里必究。"（见书后）

这类在书上刊印的广告，还不少，不再举例。有一类更特殊的是明代墨店的广告。把所制墨的图、字，汇印成册，还请当代达官学士等名家题词，白棉纸精刻精印，极意装潢。如万历年间向程君房的《程氏墨谱》，方于鲁的《方氏墨谱》，以及清乾嘉年间汪近圣的《汪氏墨薮》，都已超出了卖墨的广告作用，而成为图书馆珍藏的善本了。

实有必要搞个广告作家训练班，第一门课上《什么是中国？》。第二门课上《汉文广告写作大纲》，第一章叫《如何医治不通》，这一章最好请吕叔湘教授讲，因为他在这方面很严格。第三门课上考古学的边缘科学《广告考古学》，看看从甲骨文以来我们祖先对于广告是怎么搞的。第四门课上《鲁迅广告学》，好好阅读、学习、讨论鲁迅为许多书籍出版所写的广告，与其抄东洋，不如抄鲁迅。我们的广告作家把广告写好，还可汇印为文集，也算是文学之一支了。

关于作家写广告

纪 申

作家写广告，这在三十年代，看来是不算稀奇的事儿吧。那时新文学方兴未艾，作家与出版工作者总忘不了为这一伟大的事业，竭尽全力，争取阵地向广大读者介绍新文化、新作品。鲁迅先生就做了个表率。几年前我还买到过一本介绍叶圣老父子撰写的图书广告的小书。文化生活出版社，这家由几个穷文化人筹建的小型同人式出版社，一切都是自己动手。巴金身任总编，首先为自己主编的"文化生活丛刊"撰写了一篇"缘起"刊诸报端介绍，继又替"文学丛刊"作专文说明刊印于新书的附页上广为宣传。文化生活出版社刊行的不少书籍：《屠格涅夫选集》的六部长篇、冈察洛夫的《悬崖》、托尔斯泰的《安娜·卡列尼娜》、王尔德的《快乐王子集》、库普林的《亚玛》 数十则广告词，无不出自巴金笔下。创办人之一散文家丽尼不仅替自己译品《田园交响乐》写广告，还摹仿鲁迅文笔替别的书作介绍。吴朗西也曾替自己选编的画册做广告。其他作、译者为自己的著译写广告词的就有鲁迅、茅盾、胡风、黎烈文、孟十还 四十年代前期任出版社重庆处经理的田一文替李霁野翻译的《简爱》（译文丛书中之一种）写的简短介绍，可以说是一首散文诗，曾受到黎丁（老记者）先生赞赏，文见桂林《广西日报》。好几年前在朋友们的鼓励下曾计划编写一本介绍文化生活出版社的小书，其中就收集得有作家撰写的广告词这一内容。

说到广告，像"文生社"这样一个民间创业的文艺小出版社，不经常利用各种宣传手段介绍自己的出版物，怎能让广大读者知道并取得他们的信任？不如此又何以面向大众，为新文化争夺阵地，为文化建设与积累做出贡献，以达到产生社会效益的目的？书也是一种商品，也要面对市场，能不去适应那个时代、那个社会的市场经济？否则又如何取得经济效益？书卖不出去，出版社岂不要关门？何言其他。所以巴金笑说："读者和作家是出版社的衣食父母。"因之宣扬自己的出版物必须花本钱下功夫，经常在当地畅销的大报上刊登图书广告宣传。记得出版社成立不久，即在《申报》（一九三五年九月）上登了一整版的大型广告。我手边还存有一九三六年十月四日和一九三七年五月二十三日两天《申报》星期日增刊的广告复印件，都刊在报纸的第一版上。抗战时桂林的《广西日报》，重庆的《大公报》《新华日报》都常有广告，大小不一。同样还在当时流行的文学刊物上刊登各类广告，翻查旧刊物如《文学》《中流》《作家》《文丛》《烽火》等等大小杂志就可发现。此外出版社更经常精印各式大小宣传品，介绍新书、旧作，赠送读者。也曾印过挂历之类宣传品，选用民间剪纸图案，精美超俗，不以美女媚人。

新中国始，社会制度改变，时代不同，出版社逐步公私合营进入社会主义的图书出版轨道，凡图书全由新华书店独家经销。在计划经济下书店订购多少，出版社印多少。出版社只完成出书计划，不问其他，不愁书有没有销路，反正书店包了。至于图书介绍，只要在书店的订购单上简单写上几句介绍书的思想与内容即可。有时也在报端刊登广告，似乎与销路、印数无关。这"内容简介"当然由责任编辑撰写，领导审核。

而今改革、开放了，又出现了"市场经济"。事实上似乎又是"经济"在指挥着一切，钱的因素占了首要地位，这下子出版社和书店都碰上了新问题，坊间出现了买书难、出书难、卖书难的怪现象。出版社和书店叫苦不绝，广大读者不满意。经济在好转，市场现繁荣；惟文化不理想，素质反而下降，书店日渐减少，徒唤奈何。

看来要适应新形势，不仅要改革体制，还得改变观念，树立新风。书虽是商品，却是具有特殊性的文化商品，更不能忘记它还是具有中国特色的社会主义市场的文化商品，是促进与提高社会主义文化的商品，千万不能媚俗。出版社、书店、编辑、作家应该共同携起手来，冲破以往的各种"框框"，走出新路，为社会主义新文化的宣传与建设而努力吧。

一九九六年三月十八日

我做广告

叶至善

一九四五年八月，我正式进开明书店当编辑，帮助父亲编辑《开明少年》。开明书店办刊物是为了宣传自己的主张，表明自己的态度；为了团结作者，联系读者；为了积攒和征集书稿；还为了推销自己的出版物，并不着眼于刊物本身能不能赚钱，为了达到这些目的，即使蚀点儿本也愿意。现在我说一说我在刊物上推销出版物——也就是做广告的一些方法和体会。

开明书店出版的每一本书都有一段现成的广告辞，大多由负责这本书的编辑撰写，也有作者自己拟的，一般都生动扼要，不落俗套。有一本科学童话《乌拉波拉故事集》，我是很喜欢的，也适合给少年读。在《开明少年》第一期上我就刊登了这本书的广告，用的是原来的广告辞。这段广告辞大概是译者顾均正先生自己拟的，很能打动读者的心。最后两句说："这是一部真正的科学童话，是科学与文艺化合成的结晶体。用包了糖衣的奎宁丸来比它，还嫌不够确切；它是蜜渍的果脯，甜味渗透了一切。"对这本书作这样的评价一点儿不过分。那时开明书店能够经常供应的少年读物不多，做广告只好打转转。我想，广告辞再好，老是这几句，读者翻来覆去地读，也会感到厌倦的。在第六期上，我用"补白"的形式，给这本童话又做了一次广告。我是这样写的：

太阳请假的时候

人们都怠于工作了,太阳也就请了假。夜永远继续着。漆黑的天空,只有繁星闪烁着寒光,月亮不再升起来了。地球上一天冷似一天,海洋冻结成整块的冰,地面硬得像钢铁一样,不能再耕种了。植物冻得枯萎了,动物冷死了,它们的血液都凝成了冰块。人们在黑暗和寒冷中挣扎,最先还用煤来烧锅炉,开动大蒸汽机造成电流,每户人家点起电灯。还把煤放在大钢匦中加热,把煤气用铅管通到每户人家去用。隔不了多久,煤用完了。人们想到用水力,可是瀑布涓滴不流了;想到用风力,可是空气平静得像冻凝了似的。怎么办呢?只得赶快请太阳复工。

上面一段是《乌拉波拉故事集》中的一篇——《太阳请假的时候》的梗概。这样有趣的故事,在这本书里一共有十五个。内容是各种自然科学常识,却是用写童话的笔调写的,很合少年们的口味。

《乌拉波拉故事集》的作者是柏吉尔,顾均正先生把它译成中文,由开明书店出版。

这种举例式的广告有个最大的好处,能让读者窥豹一斑,知道一本书大体讲些什么,怎么个讲法,跟抽象的评介相比,给读者留下的印象可能稍深些。如果他不想买这本书,或者暂时买不着也借不到这本书,读了广告也可以增长点儿见识,或者还能受到点儿启发;从当编辑的角度来说,也算尽了责任,没把剩余的版面白白地浪费掉。我认为这样的广告尤其适合于少年读者,所以做得最多,有介绍科学读物的,也有介绍文学读物的。

有一些极其简单的广告,也可以归入举例式一类。如在顾均正先生写的讲物理化学的文章后面,我给附上他的《电子姑娘》《科学之惊异》的广告;在贾祖璋先生写的讲生物的文章后面,我给附上他的《鸟与文学》《生命的韧性》的广告;在陈原先生写的讲国际时事的文章后面,我给附上他的《现代世界地理之话》《平民世纪的开拓者》的广告 广告简单之极,一般只有书名、作者、定价、出版者。我认为用不到多写什么了,因为前面的文章像举例一个样,已经把作者选材的习惯和行文的风格告诉了读者,给读者留下了印象;如果他感到喜欢,一定会找这些书来读的。还有一些附在文章后面的广告跟作者并无关系,而是从文章的内容引申出来的。如在讲音乐的文章后面,我给附上《音乐入门》的广告;在讲数学的文章后面,我给附上《数学趣味》的广告;在童话后面,我给附上一两本童话的广告;在读者的习作后面,我给附上有关写作方面的读物的广告 我设想前面的文章可能使少年读者对某一方面的知识发生兴趣,因而想多知道一些,再学习一些,那么向他介绍一两本合适的读物,就是非常及时和必要的了,一定会给他留下较深的印象。

当时我觉得最带劲儿的是"补白"形式的广告:因为在撰写中可以掺进一点儿自己的看法。抗战胜利后,中国往何处去是大家关心的事——人民要求和平团结,建设国家,反动派却在暗地里搞分裂,准备内战。我借题发挥,给《五年计划的故事》写了一则广告:

看看人家的榜样

抗战胜利了,目前咱们中国的要务是建设。

怎样建设中国呢?咱们且看看人家的榜样,看看咱们的友邦苏联吧。一九一八年十月一日,苏联宣布了第一个五年计划,这个计划包括城市、工厂、电厂、水闸、桥梁、船舶、铁路、矿山、森林、垦殖、集体农场、学校、图书馆等等的建设。这个计划由千万个有学识的人筹划，由苏联全国人民协力完成。

由于苏联全国人民的努力，不到五年，他们就把这个计划完成了。跟着他们又完成了第二个五年计划。在第三个五年计划的进行中，希特勒发动了欧洲的战争。苏联人民为了自卫，暂时中断了经常的建设工作。现在战争结束了，他们又将开始一个新的五年计划。

五年计划的内容包含些什么呢？五年计划是怎样完成的呢？苏联的青年工程师伊林为了向少年们说明这些，用文艺的笔调写成一本《五年计划的故事》。这本书由董纯才先生译成中文，开明书店出版。

一九四六年六月，是高尔基逝世十周年。我在《开明少年》上刊登了一组纪念文章：一篇高尔基的传记，一篇介绍他的《海燕歌》，还有一篇讲他的《母》的故事。在这篇故事的前头，我加了一段按语：

《母》是高尔基流亡美国的时候写的。在俄国工人中间，这本小说很快地传遍了，工人们都受了感动，它促成了俄国的革命。这本小说由孙光瑞先生译成中文，开明书店出版。后面是全书故事的简略的叙述。

这段按语实际上是一则广告。写完之后，我觉得意犹未尽，又写了这样一则"补白"：

《母》在中国的命运

孙光瑞把《母》译成中文，已经近二十年了。这本书在中国遭着很坏的命运。没有人看吗？不，正相反，许多许多人欢迎这本书。

但是一些反动的人偏不准大家看《母》。先是禁止邮寄，后来列进了禁书目录，通令全国禁止发售。据说有许多学生为了偷看这本禁书遭到了不幸。

直到抗战开始，这本书才再次发行，销路还是好，爱读的人还是多。这是一本好书，看过的人都会深深感动。

译者孙光瑞说："抗战胜利之后这本书命运如何，我今天还不能想象。但是有一句话我是可以傲言的，要从中国年青人心里除掉这本书的影响，已经是绝不可能的了。《母》已经成为禁不绝、分不开的，中国人民血肉中心灵中的构成部分了。"

因为按语已经说明了这本书由开明书店出版，"补白"中不再重提，其实还是广告，虽然离了点儿谱，跟办刊物的目的——宣传自己的主张，表明自己的态度，还是完全符合的。

那时上海的电车工人为了要求增加工资，经常罢工，市民无车可乘，不免埋怨，其中也有上学的少年。我想到高尔基的短篇集《意大利故事》中，有一篇《躺下来》，就写的拿波里电车工人罢工的故事。电车工人罢工了，空车厢一节一节地排在轨道上。乘不上车的人纷纷埋怨，情形正跟上海一个样。电车工人跟他们解释："老兄，要是家里的孩子吃不饱，又怎么能不罢工呢？"正在谈着，军队开来了，士兵跳上车厢就把电车开动了。工人马上躺在轨道上，阻止电车行进。军官命令部下把地上的人拉起来，工人和士兵于是发生了剧烈的冲突。这时候，工人的老婆孩子都来了，一个挨一个都躺在轨道上。结果工人胜利了，电车公司不得不答应他们的要求。我把这个故事从头到尾写了一遍，最后说"高尔基在意大利的时候，亲眼看到这件事。他很感动，把这件事记在他的短篇集《意大利故事》里。这本书已有中文译本,由开明书店出版"。此外什么也没有说。我相信少年读者一定能理解,我除了介绍这本书,还给他们说了些什么。但是在有的场合,我把要说的意思点得明明白白,像给《寓言的寓言》写的那则广告——采用的也是"补白"的形式:

错打了屁股

各地大概都发生过这样的事:米价涨得太高,警察就抓卖米的人;布价涨得太高,警察就抓卖布的人。这个办法正跟帝俄时代珂罗雪维支写的寓言里的皇帝所采取的一个样。那篇寓言说:

鸡蛋卖一两金子一个了,皇帝听了很惊诧。臣子们都说,这是主上的洪福,一个鸡蛋一两金子,在主上的治下,母鸡不是下金子了吗?皇帝听了这个话高兴非凡。只有一位贤人告诉皇帝说,这不是好现象,因为贤人自己快饿死了。

听了贤人的话,皇帝也着了急,他召集臣子们商议怎样平抑蛋价。臣子们说,这是蛋贩子故意抬价,该把蛋贩子抓来打屁股。决议案马上执行。可是第二天,蛋价更高了,涨到二两金子一个了。

这是什么缘故呢?皇帝质问臣子们。臣子们惊慌地说,这是买蛋的错,他们甘愿出高价。该把买蛋的抓来打屁股。决议案又马上执行。可是蛋价竟涨到四两金子一个了。

皇帝听说蛋价又涨了一番,大骂臣子们。臣子们连忙跪下,叩头如捣蒜,战栗着说:这一定是母鸡的错,是母鸡下出这样贵的蛋来的。于是全国的母鸡都给抓来了,都挨了一顿屁股。所有的母鸡从此不再下蛋。

那位贤人已经饿得奄奄一息。他说:"皇上呀,你真是个善心的好皇上,只是常常错打了屁股。"

珂罗雪维支的寓言又有趣，又深刻。开明书店出版的《寓言的寓言》是他的寓言专集，译者是胡愈之先生。

我这样挖空心思做广告，是三十五年以前的事了，回想起来挺有趣的。解放以后我虽然还编刊物，却不再在这方面多下功夫了。可能因为出版社的性质不同于旧社会中私人经营的书店，不再把推销自己的出版物作为办刊物的目的之一了。现在各出版社都讲求经济效益，我的这些老经验也许还能派点儿用场。只要书是好书，读者读了确实能得益，就应该想方设法吸引读者购买，这也是为读者服务。

广告中的学问

欧阳文彬

"做广告也有学问。"这句话是徐调孚先生说的。

抗战胜利后，我随开明书店从重庆复员回上海，一度被调到推广科工作。推广科是做广告的。科长由调孚先生兼任，科员只有我一个。在这以前，我干的是校对工作。开明实行"编校合一"，校对和编辑同室办公，校对的职责也不限于对原稿负责，还要求发现原稿上的问题，提请编辑斟酌。我念中学时就从《中学生》杂志熟悉了这些编辑先生的名字，把他们当作不曾见面的良师，如今得到朝夕请教的机会，对我这样一个因战事影响而失学的青年来说，就好比踏进了一所心向往之的学校，一心想着多学点东西。没想到会叫我离开编辑室，改行去搞广告，脑子一时转不过弯来。调孚先生对我说这句话，分明是有的放矢。我那时自然领会不了，心里嘀咕：做广告还有什么学问？无非是说说罢了。调孚先生并没有加以解释，只交给我一些广告样品，让我自己琢磨。

开始引起我注意的是一幅邮购广告，上面印着两行醒目的大字："请以任何方式给开明书店邮购科一个机会，试验它是否具有为君服务的忠忱与能力。"这是在招徕顾客，但不是普通的广告宣传。它显然出自有学问者的手笔. 字里行间含有一片真诚，能打动读者的心，又能激发书店同人的责任感。当时我只觉得心头一热。摆在面前的新工作,不正给了我一个试验的机会吗?

调孚先生交下来的第一项任务是给新书写内容介绍,要求用简明的文字概括全书的内容和特色,而且要实事求是,向读者负责。实事求是,是开明书店各项工作的一贯作风,但用到推广工作上似乎不好理解。在我的心目中,推广的目的是拉生意,做广告就得多说好话。书籍广告嘛,总免不了"美不胜收""引人入胜"一类套话。我还认为,开明出书向来严谨,质量可靠,美言几句又有何妨?调孚先生偏偏寸步不让,一见套话就打回票。他说:书籍不是一般的商品,书籍广告应该帮助读者了解书的内容,以便选购符合自己需要的书,而套话对读者毫无帮助,说明不了任何问题。

我仔细琢磨他拿来的广告样品,发现内中果然大有讲究。例如《开明文学新刊》的十八种书,每种内容介绍不超过五十字,可真叫简明扼要。介绍叶绍钧的《未厌居习作》说:"作者思想朴实,文笔亲切,各校多选其作品为课文 "介绍丰子恺的《缘缘堂随笔》说:"作者文笔玲珑活泼,而对于事理之观察又极深刻 "三言两语,道出了两位作者不同的风格。如果对他们的作品不熟悉,不理解,是无法办到的。即使熟悉了书的内容,要用如此简洁恰当的文字介绍给读者,也绝非易事。记得我从事这项工作时,正值耿济之译的陀思妥耶夫斯基作品《白痴》等陆续在开明出版,为这几部小说写内容简介,真得下一番功夫。每写一条介绍,都如同上一次考场。

那时候,推广科还编印了一种小型的宣传刊物,名字就叫《开明》,三十二开,双月刊,每期十六面。薄薄的一本,封面、封底都排了文字,只用首页上半页作刊头。同人们习惯于称之为"小《开明》"。这份小刊物装帧朴素,内容倒相当丰富。除了书评和广告之外,还设有作家介绍、欣赏指导、作品缩影、出版珍讯等栏目,而且有不少名家执笔,茅盾为它写过《苏联的出版情况》,郑振铎辟有"作家在开明"专栏,钱锺书写过《中国诗与中国画》,刃锋写过《谈木刻欣赏》。写书评的就更多了,如吴晗的《读〈二千年间〉》,叶圣陶的《读〈石榴树〉》,刘西渭、夏丏尊的《读〈清明时节〉》等,都曾在这儿发表。虽然有的曾在其他报刊发过,收集到一起更能让读者加深对开明出版物的印象。每期刊物出版后收到的大量来信来稿,就是它受到读者欢迎的证明。

"小《开明》"创刊于一九二八年,最早的主编是索非,出了三十八期,一九三二年"淞沪战争"爆发后停刊,一九四七年才由调孚先生主持复刊。听说夏丏尊译的《爱的教育》原先是由商务印书馆出版的,当初销路并不好,转到开明书店出版后马上一版再版,成为风行一时的畅销书。这里边,"小《开明》"是起了一定作用的。它在一九二八到一九三一那几年间,非但连续刊登介绍这本书的文章和来自读者的反应,还在儿童文学专号上一次发表了十篇书评,宣传声势大而持久。这本书之所以能吸引广大的读者,固然由于内容动人,但从它的初版本不受注意到以后变为畅销的过程,可以看出宣传的重要性。当然,宣传必须实事求是,才能取信于读者。否则人家上了一回当就再也没有胃口了。

我在推广科工作不过一年。调孚先生把繁杂琐碎的事务都揽了去,让我集中精力熟悉出版界情况,学会撰写各种书刊介绍,有时还出题叫我作文。像苏联小说《帖木儿》的内容缩影,就是他布置我写了,在"小《开明》"发表的。其实都是为了多给我几个试验的机会。他的这番苦心,直至下一年我走上编辑岗位之后才体会到了。每当我拿到一篇文稿或者一部书稿,需要提纲挈领,分析判断,提出审稿意见时,就比较有数,而不至于抓瞎了。尽管作为一个编辑,碰到的情况千差万别,没有固定的规律可循。但多练就几手基本功,总可以多几分主动。近四十年的编辑生涯中,我对此深有感受。回想起来,开明书店的前辈们让我到推广科去接受试验,很可能是一种有意识的安排。可惜那段时间内我还放过了不少学习的机会。调孚先生是一个博学多才、能编会写而又熟谙出版印刷业务的实干家，他在推广工作中显示出来的学问和经验，我学到的也只是很小的一部分。如果把这篇文章当作应试的考卷，我是达不到分数线的。

后来我在业余写作文学评论，当年从做广告学到的东西，竟然又派上了用场。别的暂且不论，单说分析陀思妥耶夫斯基作品的几篇文章，包括一九五六年出版的《陀思妥耶夫斯基和他的作品》一书，就是在为这些作品写内容简介的基础上继续研究，引申发展的成果。这或许是谁也不曾料想的事。如今想来，还可以从中悟出一些道理：事事皆学问，处处是考场。至于能否通过一次次试验学到东西，关键就在是否善于学习，是否具有实事求是的精神和为人民服务的热忱。

一九八五年三月七日

徐伯昕与生活书店的推广宣传工作

赵晓恩

一

徐伯昕是我辈敬重的师长，现代革命出版事业的先驱者之一。自《生活》周刊创刊之日起，徐伯昕就在那里工作。一九二六年十月邹韬奋接编后，经共同努力，锐意改革，在《生活》周刊的基础上创办了生活书店，成为党在国统区的重要的思想文化阵地，对中国现代革命出版事业的建设和发展作出了卓越的贡献，徐伯昕是邹韬奋最信赖最亲密的合作者和战友。

在事业建设中，邹主持编辑工作，掌握出书的政治方向，这当然是首要的方面。徐则总揽出版、发行和推广业务，以及资金的运筹、成本的核算、营销的策划等，从经济上保障了事业的存在和发展。他为此殚精竭虑，呕心沥血。邹韬奋说在工作中"最辛苦的就是徐伯昕"。

徐伯昕长于企业的经营管理，用现在的话说是一个"好管家"。好管家对于一个事业，尤其对经营进步文化事业，是不可缺少的。综观现代革命出版史，在二三十年代，为反击国民党反动当局的"文化围剿"，站在斗争前列的党与党外左翼文化界有识人士举办过不少的出版机关，但能坚持到全国解放者却不多。如鲁迅先后办过七八个小型出版单位，都未能持久。究其原因，除了政治上遭受压迫摧残，另一个重要因素是经济上难以支持，缺少徐伯昕那样的忠于事业而又善于经营管理的人才加以辅弼所致。

事实上，邹韬奋也是既懂政治、又懂新闻出版业务的，徐伯昕也关注编辑，二人志同道合，各有侧重，相知相辅相成。

二

徐伯昕在出版经营活动中，十分重视推广宣传工作。从《生活》周刊时期到生活书店创业初期，推广宣传工作是由他运筹擘划并亲自从事广告设计的。他一方面把《生活》周刊推广发行到海内外，印数由几千份增加到几万份，最高达十五万份以上，创当时国内期刊印数的记录。另一方面，为弥补周刊经费、招揽厂商在《生活》周刊上登广告而奔波，运用他的艺术才能，代厂商设计的广告，不但格式新颖，而且广告词生动。如在梁新记牙刷广告中，用"一毛不拔"来形容其质量，称誉工商界。随着外来广告增多，收益渐丰（当时一英方寸收广告费一元），使《生活》周刊收支相抵而有结余。集纳周刊中文章出版单行本也有盈利。由于读者委托代购书报日多，一九三〇年九月又建立起书报代办部，竭诚为读者服务，营业展开。就这样白手起家，自我积累，在书报代办部的基础上，于一九三二年七月自力更生地创建了生活书店。

徐伯昕从他自身的实践中体会到推广宣传工作的重要作用及其意义。书刊的质量和发行工作的好坏，影响销量的多少，关系到事业的成败兴衰。

出版发行离不开推广宣传，推广宣传工作要根据出版方针任务（出书计划、出版方法、生产状况等）和营销方略的要求，与门市、批发、邮购、期刊发行等各个发行环节对宣传的需要相适应。它是体现书店整个经营活动的一个重要组成部分。

生活书店自有资金很少（开头时只有两万多元钱），出版的书刊直接和间接与推动时代进步的实际的政治运动、文化运动有紧密的联系，要求快销多销。加强推广宣传工作，是实现它的重要手段。无论从政治的角度，还是从经济的角度看问题，都有此必要。进步书刊再好，如果束之高阁，实现不了它的社会效益，徒然造成财物的浪费。只有迅速及时地把书刊输送到广大群众中去，印入人们的脑际，才能发挥应有的战斗作用，这是进步出版工作的最重要最根本的利益所在。而且快销意味着流动资金周转加速，有利于少投资，多出书。多销除可以扩大影响，还由于印数愈多，而生产品的单位成本愈低，从而为降低定价减轻读者经济负担创设条件，形成良性循环。

生活书店的宗旨是竭诚为读者服务。"取之于民，用之于民"，不同于一般的以渔利为目的的书商。以往《生活》周刊的销路扩大了，从几千份到几万份增加到十几万份，随着印数增加，成本降低，先是增加影写版画报二页，定价照旧。尔后篇幅从二十四页增加到五十六页，仍能维持原来定价者，盖源于此。

那时，生活书店的推广宣传工作是见缝插针，处处可见，渗透于各个业务环节。现在还有人叹为观止。曾经有人问到我有多少人做推广宣传工作，要花多少钱等等。言下之意，认为好是好，就是学不起。这是一种误解。在人们的观念上，往往狭窄地把推广宣传工作视为只是职能部门的事。其实不然，它是群体行为。如书刊的内容介绍文字，主要由编辑撰写提供的；广告图案按照要求由美术设计绘制；图书目录等宣传品，经过版样设计由出版科排印；制品交发行部门——门市、批发、邮购、期刊发行科等分发和夹寄出去，等等。这种合理的工作结合，是伯昕长期以来一手造就的不成文的"宪法"。广告编排设计专职人员很少，抗战前伯昕只有一个助手，做日常的具体工作。抗战时期生活书店分支店发展到五十余处，在重庆成立总管理处，营业部设推广科也只有三个人，其中之一是美工人员。广告设计人不在多，有"招"则灵，并注意工作方法，提高工作效率。如内容说明文字可以印好，免除抄录之烦，广告编号，存有样本，列为档案，打纸型分别在杂志上刊登，有其连续性和通用性，等等。

推广宣传工作要贯彻和体现经营策略，它的基本思路出于作为经理的伯昕的精心指导，还亲自过问重点出版物的推广宣传工作。

三

生活书店的经营强调服务，伯昕重视社会信誉，在推广宣传工作中，要求实事求是，写好介绍书刊内容的广告文字为第一要义。既不做夸张的吹嘘，又要生动而有吸引力，在应用于设计广告时可作技术和艺术的处理。广告文字和广告格调从一个侧面反映书店的风尚和时代特色。在这方面，可以说是塑造了一代广告的新风。举例来看：

茅盾主编的《中国的一日》，是一本别开生面的轰动过全国的书。它选定抗战前夕一九三六年五月二十一日这一天在全国各地所发生的事情为题，向作者、读者征文，得到热烈响应，共收到三千多篇文章，达六百多万字。文章内容涉及社会的各个角落。茅盾在孔另境的协助下，经过选之又选，收了八十万字，印成精装一厚册（见本书138页广告样式中书影）。

编者说："五月二十一日几乎激动了国内国外所有识字的而且关心祖国命运的而且渴望要知道在这危难关头的祖国的全般真实面目的中国人的心灵，他们来了个脑力总动员了。"

对这样的一本书，茅盾只用了一百多字作了凝练概括介绍：

> 这里有富有者的荒淫与享乐，饥饿线上挣扎的大众，献身民族革命的志士，女性的被压迫与摧残，落后阶层的麻木，宗教迷信的猖獗，公务人员的腐化，土豪劣绅的横暴。从本书十八编中所收的五百篇文章里面，可以看出中国的一日或不限于此一日的丑恶与圣洁、光明与黑暗交织成的一个总面目。

寥寥几笔，文如其书，是旧中国横断面的生动写照。一面是荒淫与无耻，一面是严肃的工作。字里行间，爱憎分明，寓意深刻。在这里，宣扬什么，揭露什么，号召的又是什么？不言而喻。从这一意义上说，做广告也是一种战斗。

在这幅广告的编排上，书名用阴文锌版突出，加有书影照片，给读者以直观形象，内容说明采取行列式编排，错落有致。整幅广告虽然排得满满的，虚实明暗对比之下，却不感到沉闷。

郑振铎主编的《世界文库》的广告说明是：

> 本文库把世界文学名著，起自埃及、希伯来、印度、中国、希腊、罗马，迄于现代的欧美日本。凡第一流的作品，都将包罗在内。中国部分尤多罕见的孤本。以最精美的印刷装订，最低廉的售价，来呈献于一般读者之前。

徐伯昕设计广告时，为增强宣传效果，在写实主义手法梗概介绍内容文字之外，加上由著名作家组成的编译委员名单相吸引，以副标题形式突出其内容要点和价值，还刊出第一册目录。用替读者算账的方式，说明售价低廉："每月只费七角半，一年内可得百元之名著五百万言"；谓"印数有限"，敦促读者"预定从速","样本备索"。

该文库中国之部单行本《醒世恒言》中的广告文字中,特别说明"一般藏书家所得者,均为三桂堂翻刻本;虽亦为四十卷,而已佚第二十三卷金海陵纵欲亡身一篇,以第二十卷张廷秀逃生救父分作上下二卷充作全书。今据原印书补足'金海陵'一篇,全书凡四十万言,是为最足本"。

从广告说明中可见中国孤本秘笈之新刊,版本是经过选择辑集整理。文章中刊出的《金瓶梅词话》,内容是做了必要的删节的。反映出编辑工作的严肃性。

该文库外国之部单行本俄国托尔斯泰等所著的《俄国短篇小说集》内容介绍文字:

> 这里有不可挽救的精神忏悔,有为残酷的生活所鞭挞的沉痛的哀诉;这里,可以使人领味到一种排恻的诗意,同时也可以使人在深沉的愁郁中,感到要推破这黑暗世界的冲动。总之,这是一本把革命前俄国各阶层的人们的生活、心情、幻灭和希望都充分地表现出来了的杰出选集。

这则广告文字,用文艺笔调,有文艺意味。(见本书144页)

另一则《小鬼》一书的广告文字:

> 梭罗古勃是一个诗人,他的小说也是充满了诗的趣味的。《小鬼》对于那时代是描写得如何的深刻呵。他虽不多写长篇,而这个长篇却是不朽的。格调和屠格涅夫、托尔斯泰、陀思妥耶夫斯基不同,而其精神却依旧是彻头彻尾的俄国的。

应该说，这已不是一般的广告，而成为出色的文学短论了。

《妇女生活丛书》广告设计构思巧妙之处，在于借用了一幅插图作题花。插图上一个精疲力竭的妇女拖着沉重的铁链，链端系着三个铁球，铁球上分别写着"无权利""厨房""迷信"的字样；妇女身边还有一个瘦小赤脚的孩子。插图的意境和所介绍的书籍内容相吻合，为妇女解放呐喊，提高了广告的思想性和感召力。（见本书136页）

四

推广宣传工作，根据书刊的不同性质和读者对象，采取适当方式设计广告，选择刊登广告的时机和地方。徐伯昕对此，注重实际，讲究方法和效果。

在刊物上登广告。这在生活书店具有压倒的优势，自己出版的刊物有上十种。如《生活》等周刊，《世界知识》《妇女生活》《太白》半月刊，《文学》《译文》《光明》等月刊。这些刊物拥有众多的读者，是刊登书刊广告最好的地方。而且在自己出版的刊物上登广告，不用出广告费。利用封底、封三、末页地位，或文后补白，轮流刊登新出书刊或重印书广告，连绵不断。

广告版式经常变换，地位的大小，取决于出版物的轻重缓急和版次印次。如《文学》创刊，出版前一个多月就在《生活》周刊上以十六开全版地位首发"出版预告"，以介绍刊物的编辑方针，公布编辑委员会和特约撰稿人名单，均为第一流的著名作家，引人瞩目，自然还有刊期、定价、预订优待办法等，订户纷至沓来。出版前一星期，又刊出创刊号要目预告，内有鲁迅、茅盾、郁达夫、叶圣陶、巴金等作品，阵势夺人。到了创刊那天，发"今日出版"广告。创刊号很快销售一空，连续重印了四次，第二至五期也重印了三四次，盛况空前。这固然首先是内容好，反映时代精神，同时也得力于反复进行宣传介绍，激发了读者的购阅热情。

凡是重要的书刊问世，如《青年自学丛书》《世界文库》以及大部头书等，采取同样的宣传方法，使它早早为读者所知，以利于加速发行。

在新书的广告上，一般都刊有内容介绍文字，著译者和定价也是不可缺少的。谁是著译者对读者选书是一个重要因素，不刊著译者名则被视为对其不尊重。生活书店大力推广邮购业务，非标明定价不可。重印书广告中，不一定都有内容说明文字了，因为要考虑广告所占的面积和费用。

一种新杂志创刊，一种新书出版，无不一一先在自己出版的刊物上刊登广告。丛书连续刊登广告，以新书为主，连带列上先前出版的各书目录。有时视需要把同一作者的几种书籍或性质相近的书籍组合在一起发广告。

在书籍上也有登书籍广告的。一般置于书末，广告内容限于同属一套丛书，或同一作家的其他作品，或相关的作品。广告设计带有书卷味和装饰性。有勒口或书腰带的，也利用来做广告，介绍作者和本书内容等，成为装帧的一部分。

日报上的广告。生活书店的出版物，除了充分利用自己出版的刊物上登广告进行宣传外（并不排斥在外版期刊上登广告，但为数不多），为了扩大影响，争取更多的读者，也经常在报纸上登广告。在什么报纸上登广告也是有选择的。三十年代上海的《申报》知识界的读者多，文化广告一般的都登在那里。登报纸广告要花广告费的，力求节制广告地位。期刊出版广告，争取在出版那天刊出，一般是窄长的一条，摘登当期要目。为了醒目，刊名用原字体做锌版，目录分别用宋体、黑体字等排列，报馆字体少，自己排版打好纸型按时送达。

编印目录是推广宣传工作的重头戏。分图书目录和期刊目录。用途不同，编法不一。图书目录有单张的，有小本和大本的，其中有推广一种或一套新书的，也有按年汇编本，还有全国总书目。单张的也可供门市做包书纸用，或通过邮寄出版物夹带出去。期刊目录主要为了征求订户之用。

宣传招贴画。供经售书店（摊贩）张贴招徕，用于推广重点出版物。一般是对开张，设计印制得相当精致。为适应远视采用大字，形式新颖活泼而又不流于庸俗。

样本、样张，是广告的另一种形式。印制样本，所费较大，是重点出版物的宣传品。样张也可供张贴用。

此外，还在寄发期刊订户的封袋背面上印上广告。这是不可小看的。生活书店出版的期刊拥有十万左右的订户，其中有周刊、半月刊、月刊，每年寄发出去的封袋数在百万个以上。利用现成封套，印上广告，不用花钱，广告内容可以经常变换。

五

时时获取文化市场信息，是推广宣传工作的需要。徐伯昕随时注意了解读者的需要及其变化与发展，出点子，想办法，制订和改进推广工作。

1. 滚雪球推广法。请老订户介绍住在上海以外地区的亲友姓名地址，寄送样刊试阅，同时附寄订阅单，如读者满意，订单随之而来。当他看到《生活》周刊的订户，常为亲友订赠或介绍订阅，于是规定一人订满五份，可享受赠阅一年的优惠办法。采取滚雪球方式来扩大订户，收到良好的效果。

2. 跟踪推广法。《生活》周刊被查封后，紧接着出《新生》周刊；《新生》周刊因"新生事件"被迫停刊，不久又创刊《大众生活》周刊；《大众生活》只出了十六期又遭查禁，再接再厉出版《永生》周刊。在国民党反动统治下，进步刊物是难以永生的。在这样的情况下，新刊跟踪老订户进行征订，一脉相承，与读者保持联系而销路不衰。

3. 连锁推广法。生活书店之出书，往往跟出版期刊有关联。如《世界知识》杂志带来《世界知识丛书》，《文学》杂志带来《创作文库》《世界文库》。先有《妇女生活》杂志，然后有《妇女生活丛书》等等。出版一个方面的进步杂志，团结一个方面的进步作家，带动扩大一个方面的读者群。生活书店社会联系面之广，为其他兄弟单位所不及，即缘于此。

徐伯昕因势把相关的书刊结合起来推而广之。如订阅《文学》一年，先是赠送《文学百题》一册，随后又有订阅《文学》一年，赠送《中国的一日》一册之规定。又如订阅《太白》一年，赠送《小品文与漫画》一册。《世界知识》订户购买《世界知识年鉴》给以半价优待等。这些书刊有互补性，合并推广，收效不小。

还有，《大众生活》订户订阅《世界知识》可以获得优待。以此来相互推动，促进销售。

采取以上办法，读者得到实惠，对生活书店来说也不吃亏，而且大有好处。这笔账，精明如徐伯昕者，当然经过算之又算的。请看：

《文学》月刊一年定价是三元五角，赠送一本《中国的一日》一册定价是一元六角（《文学百题》一元五角），就读者来说，所得赠书价格达《文学》订费的45%，自然合算，有吸引力。从书店的角度看，订费三元五角加书款一元六角，合计为五元一角，打个七折，为三元五角七分。可以维持批发价。实际上就是把同业经销的好处转移给读者而已。由此给书店带来的显在利益和潜在利益还多着哪。要知道，一年订费到手是整笔收入，每月寄发刊物占有的价款是零支，收支时间差中的余款，形成生活书店的社会资金，不用出利息，用于扩大生产，可以

书籍广告谈　203

从原产品和扩产品中双重获利。书籍印数随订户增加而增加，单位生产成本随印数增加而降低。

这就是徐伯昕为什么千方百计地寻求扩大刊物的订户，为什么《青年自学丛书》《世界文库》等也采取像期刊那样的出版发行办法，又为什么在发展邮购户中不嫌烦琐，把购书余款结存在书店里的奥秘所在。

徐伯昕的高明之处还在于算计是算计，处处协调好方方面面的利益关系，取得皆大满意，可谓君子爱财，取之有道矣。

4. 明示暗示推广法。这是一种迫不得已的特殊推广法。《青年自学丛书》是一套辅助青年自学的多学科的思想启蒙读物，作者都是学有素养的著名进步作家，内容渗透进步思想，对于在漫漫长夜摸索前进中的青年是指路明灯。陆续出版以后，受到热烈欢迎。其中不少种书被禁止出版，如平心著的《社会科学研究法》、汉夫著的《政治常识讲话》、钱俊瑞著的《怎样研究中国经济》、钱亦石著的《中国怎样降到半殖民地》等。这些书读者渴求无已。在他们的心目中，越是禁书越有价值，越禁越求。书店也不甘心于这些好书就此寿终正寝。徐伯昕想了个办法，照样登广告推广。为应付追究，在书名下加"禁售"二小字，并准备好以"不胜读者空劳往返，进行公告"为由的遁辞。这一举措，既给读者以暗示，又起到揭露反动派的作用。生活书店拥有广阔的通信邮书网络，和许许多多相知的老读者，来往频繁，有意渴求者，不难得到满意供应的。在特殊的环境下，不失为抵制查禁图书的巧妙对策。

5. 推荐引导法。这是另一层面的推广宣传方法。生活书店通过编印《读书与出版》《读书服务》等刊物，对读者购阅图书给以指导。《读书与出版》每月一册，订阅一年只收二角钱。在上海生活书店门市部设有推荐书专门书台。凡是近期出版的好书皆推荐，不限于本版书。请《全国总书目》的编者平心撰写推荐词抄录在书台上。

生活书店认为，做书刊的宣传推广工作，单靠做广告是不够的，这些固然需要，还需要联系读者，组织读者，引导读者阅读好书。这不仅是推广方法问题，而也是进步出版发行工作者对社会应尽的义务和责任，旨在"造成普遍的读书风气，促进健全的出版事业"。

六

徐伯昕创造性地把书刊进一步推而广之，着眼广阔发展科学文化事业，调动起各方面的积极性，把推广宣传融入于为读者、为同业的具体服务之中。不同寻常的显著成就有：

1. 特约十大银行免费汇款购书，减轻读者经济负担，便利读者购书。

生活书店代办全国各种图书杂志，始于《生活》周刊时期，服务热诚周到，享有很高的社会声誉，业务年年有进展。鉴于内地及海外读书界采购书报有诸多不便，为谋读者节省信资、汇费，减少手续，特约中国、交通、上海、新华、浙江兴业、大陆等六大银行，担任免费经汇购书汇款。同时约定南洋各地分支行设立最普遍之华侨银行，四川省内分布最广之聚兴诚银行，江苏各县散布最密之江苏省农民银行，云南省内设立分支行最多之富滇新银行，一律经汇购书汇款，免收汇费。书价除特价书预约书等特种情形者外，一律照各原出版部门售实价再打九折。更不必另行寄信（银行备有生活书店特制的空白免费汇款购书申请单），兼省信资，手续简便。还赠送书目，提供代为查询欲购图书的内容事项等服务。购书余款，可在书店立往来卡结存，下次汇款购书时合并结算。这样，久而久之，书店与读者之间结成了深厚的友谊。长期往来的邮购户（其中包括图书馆、学校、机关、团体及个人），在抗战前达五万余户，是生活书店的基本读者群，赖以发行进步书刊的直接渠道之一。

取得银行合作，免费汇款，除了明智，它们也有好处。因为由此可以带动银行汇兑业务，其次，这些汇款从接收至兑付之间有一个时间差，构成银行周转中的社会资金。再有，生活书店处处登十大银行免费汇款购书的广告中必然提到银行的名字，这样，岂不也为银行做义务广告吗！其中有些银行过去在《生活》周刊上登过广告，是要付广告费的。徐伯昕就是用这些论点，去说服银行的。

2. 编印生活《全国总书目》，也是一个创举。在生活书店原来编印的每年增订一次的《全国出版物目录汇编》的基础上，特约作者平心（李鼎声）编辑生活《全国总书目》，选收"五四"以来出版的书籍二万多种，全国各地出版的新文化书籍，尽量搜罗在内，按科学分类方法结合实用分类编列，一种书有几个译本者排在一起，并附有《全国儿童书目》以及多种索引，一检即得。

此项工程，看似容易，做起来难。在选目上有取舍，对某些有参考价值的书，还要有所说明。记得有一本论德国的书，编者说明（希特勒）德国是战争策源地，引来了它的大使馆的抗议，即其一例。编者花了一年多时间，加上书店同人协助，才得完成。

这是一项很有意义的工作，徐伯昕的设想，正如平心在"编者的话"里所表达的：

> 在传播新文化的艰难途中，站在拉纤者的地位，献出一点微薄的助力，是我们编印这个目录的主要志愿。推动我们干这个近于傻的工作，不是"国家之耻""士林之羞"一类堂皇的警语，倒是广大读者的热望与自身的实际需要。

全书一千多页，印成三十二开本硬纸面精装厚厚一册，只收一部分印制费四角钱（按一般书价计在二元以上）。贵了读者望而却步，达不到编印的目的。这样的大部头目录，送也送不起，且容易造成浪费。收点钱，不敷印制成本的部分，在书目中招登广告以其收入来弥补，只是力争不亏本，立意在提高社会效用，扩大书刊发行中得益，不图近利，具有战略见地。

3. 创办"生活书店联合广告"。生活书店除了出版书刊，还经售、代办全国各种图书杂志（经过选择）。生活书店社会信誉好，委托经售的图书多起来，形成既是新文化出版机构，又是新文化出版物的发行中心。无论本版书、经售书，均有必要在报纸上刊登广告，以广宣传。登书刊广告最多的地方是上海《申报》，它一天有十多版，小小的书刊广告夹杂登在无奇不有的诸如婚丧之类的广告中被淹没，不显眼，效果不好。徐伯昕见到商务印书馆号称日出新书一种，在《申报》第一版上登全版广告外，另有一固定的醒目的广告地位，启发他独树一帜，设计创办了一种"生活书店联合广告"。办法是把某日的（一般是每月一日）《申报》第一版全版的广告地位包下来划分成十英方寸左右大小的长方形格子为广告单位，和新出版业同业协作，安排各家广告。生活书店提供代为设计制版排校等服务。编排新颖，红黑两色套印，按报馆标准分担广告费用。全版广告的上端，以一横窄条通栏地位，用美术字刊登生活书店经售代办全国图书杂志等字样及办理邮购、十大银行免费汇款购书的广告。

这样一来，把许多种新出版物集纳在一起，广告本身也就成为出版新闻了，自然引起知识界的注目。每月刊登一次，要求参加者众，有容纳不下之势，后来发展到《大公报》上。由此既起到扶持中小新出版同业的作用，又张扬了新出版业在社会上的声势。而读者买书不找生活书店，还能找谁呢？广告的肥水不向外田流。这是一举数得的利人又利己的开拓业务的妙法。

4. 创制《文艺日记》。这本是平常的业务，但经徐伯昕的精心设计而具有新意了。他设计出在逐日的记事页下脚印上几行小字的语录，在每月开头加一页献词。其中："有应时泼辣的散文杂感，有文学生活的日记片断，有世界文豪的警句，有各国作家的生活传略"，而成为"日记随笔的范本，文学知识的宝库"。这样，把一本普通的日记本，变为兼有可读性的语录本了。

定价仍为七角。凡在规定时间内定购者，免费代烫姓名。免费在封面上烫印姓名，读者自然喜爱，可留作纪念，也是馈赠亲友有意义的礼品，而印制工艺却是十分繁杂的。每烫一本要换上一次印版，寄发时逐个对号，不能有差错。书店不辞劳苦，但求对读者有益。如此日记本，对读者来说，无异于不多花一文钱，多得一本语录本，在天天和它接触中好似同良师益友在交流思想。

在这里，还有一个故事。徐伯昕估计这些语录一次送审有可能被检扣，化整为零，分小批多次送审，在不意中通过，待到汇印成册，使书报检查老爷们大吃一惊，欲加禁止，无奈已发行得差不多了。

一九九〇年六月 北京

图书广告谈屑

王建辉

说图书广告是刻书业出现以来就有的玩艺儿,这不会错,因为要做书贩,就得推销。不过我还不想说得这么遥远,只说现代书业的事。

现代作家里边,鲁迅写图书广告是最有名的,他老人家的全集里收有不少此类文字。先生除了为自己的书刊写广告外,还为别人撰写了不少,广为人们称道的少说也有如下几篇:《海上述林》(瞿秋白)、《土敏土》(革拉珂夫)、《俄罗斯的童话》(高尔基),其中《海上述林》是在病中写成的,此后十余天,先生便去世了。曾有作家叫丽尼的还刻意学鲁迅笔调做广告。

巴金也写得很出色,我在拙著《书评散论》中曾转引过巴老的五则广告作品。

叶圣陶集作家出版家于一身(他自己更看重出版人这个身份),他为茅盾作品写广告少说在八则以上,为沈从文、冰心各写六则,为朱自清写五则。叶先生所撰写的图书广告确实与众不同。

夏丏尊、顾均正等均自己动手,徐调孚所撰广告,有人说读来尤有韵味。《开明》创刊号(一九二八)有一则介绍《木偶奇遇记》(徐调孚译)的广告不知出自哪家手笔,质朴而有趣,录出请方家辨指:

如果哪位先生或太太嫌你的小孩子在家里胡闹，我们介绍你买一本《木偶奇遇记》给他。他看了这本书，就不会再吵了。你不信吗？我们来报告你一件新闻：丰子恺先生曾把这本书的故事讲给他的三个小孩子听，他们听得出神了，连饭都不要吃，肚子饿都忘了。难道这是我们编造出来的吗？你们有机会去问问丰先生看。

朱自清是位有傲骨的纯然学者，他给老舍的《老张的哲学》和《赵子曰》写的文学评论，是从抄录商务印书馆这两本书的广告开篇的。

注重书刊广告并乐于写作这芝麻大小的文字，大概是中国现代许多作家学者的一个良好传统。广告文字是很需功力的。一则是需要有点商品推销眼光，熟谙市场和读者对象；二则要有别出心裁的文字表达，不是公式化的老一套；三是要学术上内行，抓得住内容。现代文化史上的这些大手笔在撰写这些图书广告时，是很认真的，绝非做游戏文字。这大概可算得成功的图书广告的独门秘诀。兹仿知堂笔法编排几条如后：

前举朱自清评老舍文，何以要从抄录广告开始，朱夫子自有回答："虽然是广告，说得很是切实，可作两条短评看。"广告是短评。

"讲故事不取教训的方式，谈知识力避枯燥的陈说。"这是叶圣陶为《儿童国语读本》写的广告语，其实也正是写广告的法门。

《叶氏父子图书广告集》（上海三联书店，一九八八）可能是现代人唯一的图书广告个人专集。其中有叶至善《我怎样做广告》一文，内有一句："挖空心思做广告。"我想可以成为文化史上的准名言。

不引了，这撰写图书广告，决不是率尔操觚所能奏效的。实事求是之心，妙文生花之笔，广告艺术之眼，是断不可缺的。

写了半天或有客问,把你认为好的广告且抄了来我看。这或真是我一时疏问,例证太少。近些年《围城》因了电视剧的改编再度走红,适好案头之书里有一则一九四七年文化生活出版社的《围城》广告,虽未明哪家手笔,且抄了来供有兴趣的读者对照之:

这部长篇小说去年在《文艺复兴》连载时,立刻引起大的注意和爱好。人物和对话的生动,心理描写的细腻,人情世态观察的深刻,由作者那支特具的清新辛辣的文笔,写得饱满而安适。零星片断,充满了机智和幽默,而整篇小说的气氛却是悲凉而又愤郁。故事的引人入胜,每个《文艺复兴》的读者都能作证的。

当代作家里面自写图书广告的虽不算多却也不乏其人。记忆中贾平凹、方成都干过这买卖。方成有《自写征订广告》,行文很调侃,言明如今严肃读物命运不佳,"因不堪命运摆布,故自写征订广告"。又说:"为自己的作品写广告,自我吹嘘,君子所不取。""但为了和那些'剑侠''奇案''新婚之婚'一类的书争夺读者,不得不来这一手。"最后一句极有意思:"书价每本相当于一包较好香烟的价钱,但比香烟有益多了!"

鉴于目前书业广告多"假、大、空",需要"打假",故作此闲谈,惟愿天下图书广告皆流畅高雅如此。

让书籍广告更精彩

范 军

图书出版业的竞争日趋激烈。在产品供大于求、相对过剩的时代，图书的广告宣传便提上了议事日程。眼下，出版社对图书广告越来越重视，投入也越来越大。但翻检报刊杂志，浏览订货会广告牌，我们所见到的书籍广告，要么是过于简单的书目，要么不同程度地存在着假大空玄的毛病，也有的以书评代替书籍广告。如何让书籍广告更精彩、更有效，现代出版企业和出版家、编辑家的经验值得借鉴。

上个世纪的前五十年，在艰难困苦中中国的民族出版业逐步成长，出现了以商务印书馆、中华书局、世界书局等为代表的现代出版企业。当时的出版企业都十分重视图书的广告宣传。前些时从报上看到一篇题为《九十年前的书后发行广告》的短文，谈的就是商务印书馆如何在教科书的版权页、附页上做本版书的广告。到图书馆查阅二三十年代的图书、报刊，书籍广告随处可见。

上世纪二十年代到四十年代，一批中小出版社为了生存和发展，特别重视图书广告宣传。开明书店、生活书店、读书出版社、新知书店、文化生活出版社、亚东图书馆等一批有抱负、有特色的出版社几乎是每出一书都要做广告。还有创造社、新月社、朴社等出版机构的书籍广告也都做得有声有色。

大手笔写小广告是现代图书广告业的一道风景线。作为编辑家的鲁迅在其编辑生涯中写作的书籍广告文字和准广告文字在三十则以上，这些文字放在他的全集里同样是光彩照人的。作为一代文豪的巴金曾经主持文化生活出版社的编辑业务长达十四年之久，他的全集里收录了广告文章二十六篇，我们从别处还看到五篇巴老的图书广告文字。叶圣陶在主持开明的编辑工作期间，创作的图书广告更多达百篇，《叶圣陶集》收集较全，上海三联书店还专门出版了《叶氏父子图书广告集》。此外，茅盾、胡风、梁实秋、徐志摩、潘汉年等都是图书广告高手，都有精彩的广告文字流传后世。

　　图书是文化商品，图书广告就应该多一点文化味。现代编辑大家的书籍广告堪称楷模。且看叶圣陶为冰心的作品集写的广告："冰心女士以诗人的眼光观看一切，又用诗的技巧驱遣文字。她的作品，无论是诗、小说，还是散文，广义地说，都是诗。二十多年来，她一直拥有众多的读者。文评家论述我国现代文学，谁也得对她特别注意，做着详尽的叙说，这原是她应享的荣誉。现在她把历年的作品整理一过，定个总名叫《冰心著作集》，交由本店分册印行。"这是质朴平实的优美广告，又是精到的文艺短评。读巴金为高尔基的《草原故事》作的广告，一股书卷之气、清新之风扑面而来："据说做梦的人能够从海洋与陆地的材料中建造出一个仙话，能够从专制与受苦之混乱中创造出一个自由人的国土来。高尔基便是现今的一个伟大的做梦的人。这本《草原故事》是他的美丽而有力的仙话。译笔流利畅达，颇能保存原作的那种美丽的，充满了渴望、忧郁的调子；同时还能使读者嗅到俄罗斯草原的香气。"

　　图书中有相当部分是文艺作品，这种图书的广告文字理当具有艺术性。即使非文艺作品，把广告做得更艺术化也是必要的。现代编辑出版家不乏用诗人的情感、诗人的笔调来创作广告的。胡风是理论家，也是诗人，他在为《七月诗丛》

的《无弦琴》写的广告中说:"作者是持枪的诗人、流血的诗人、求真的诗人。他的诗,带着枪刺的闪光,带着鲜血的闪光,更带着求真者爱爱仇仇的闪光。我们在这里接触了肃穆的诗的境界、严肃的诗的风格。"这样的广告文辞优美,联想丰富,具有文色美、气势美。叶圣陶为茅盾《幻灭》《动摇》《追求》做的广告也是可以作为文学精品来品味的,全文如下:"革命的浪潮打动古老中国的每一颗心。摄取这许多心象,用解剖刀似的锋利的笔触来分析给人家看,是作者独具的手腕。由于作家的努力,我们可以无愧地说,我们有了写大时代的文艺了。分开看时,三篇各自独立,合并起来看,又脉络贯通——亦惟一并看,更能窥见大时代的姿态。"此则广告起笔不凡,比喻生动,感情充沛,很有艺术感染力。

　　图书广告还可以也应该写得更活泼、更生动。老舍是现代文学史上的语言大师、幽默大师,他就曾为自己的作品写作过有趣的广告。二十年代的新月书店的图书广告也不乏幽默风趣者。当时为闻一多的诗集《死水》写的广告就别开生面:"王尔德说:艺术是一个善妒的太太,你得用全副精神去服侍她。如今国内最能用全副精神来服侍这位太太的要算闻一多先生了。《死水》如果和一般的作品不同,我们敢大胆地讲一句,只因这是艺术。闻先生的诗是认真作的,他的诗也应该认真去读。非这样读,不能发现《死水》里的宝藏。研究新诗的人不要忘了这里有一个最好的范本。"叶至善在开明期间,为少儿读物做的广告多采用举例式的连续广告方式,效果也很好,惜乎现在很难见到这类活泼生动又实实在在的广告了。

　　就出版社而言,图书广告的作品就是把尽可能多的图书信息及时、有效地传递给读者,争取获得最广泛的认知与认同,从而促进图书销售。但要达到这个目的,必须把广告做得更精彩,这里面确实大有文章可做。现代编辑家的宝贵经验和财富值得我们学习和借鉴。

石头城里宣传马克思
——中央日报《资本论》广告事件

范 用

马克思主义经典著作《资本论》中译本的出版发行，经历过种种波折。这里讲的是一九四七年在南京《中央日报》刊登《资本论》广告的事件。

抗战期间，读书出版社由上海迁往武汉，又撤退到重庆。沙坪坝有家书店，老板陈汝言常来进货，成为读书出版社的好朋友。他不同于一般书商，思想比较进步，是生活书店、读书出版社、新知书店出版的书刊热心的推销者。这在当时，是要承担一点风险的。他的人缘好，善于应付，书店也就没有什么问题。

抗战胜利后，陈汝言回到南京开办正风图书公司，并在上海设立办事处；除了卖书，还兼营出版。一次他到上海读书出版社进货，正好《资本论》重印出版，向读者发售预订，出版社就和陈汝言商量，请正风图书公司担任南京特约预订处，陈汝言同意。读书出版社又和他商量，在南京报纸上刊登广告。这是一个难题，《中央日报》是受国民党中央宣传部控制的，谈何容易。

陈汝言和读书出版社一向相处甚好，彼此信任，他毅然接受这一托付。读书出版社经理黄洛峰告诉他，广告属于商业性质，国民党检查官一般不会注意广告。并同他研究如何减少环节，可以先把广告排好，打一张纸型，到报社先订好广告位置，凌晨三时左右临开印前把纸型送去，赶上浇版开印。

当时，即由我设计广告稿，交陈汝言带回南京找一家印刷厂排版，打好纸型。

黄洛峰叮嘱陈汝言，千万要小心，见机行事，切不可冒失。同时交给他六十万元法币付广告费。

陈汝言回到南京后，反复思考了几天，最后决定打电话给过去认识的《中央日报》广告部的一位职员，约他到家里来商量。那位广告部职员说，《中央日报》从来不登这类书籍广告。陈汝言说，这是学术著作，欧美一些国家都出版的。这样，终于谈定了，陈汝言把广告纸型交给了他，并要求他尽可能刊登在第一版报头旁边。

事情似乎办得很顺利，但陈汝言心里还忐忑不安。《中央日报》是国民党的橱窗，果真登出了宣传马克思主义的广告，其后果会怎样呢？

陈汝言回到家中，告诉了妻子，让她思想上有所准备，并且把书信等等做了一番清理，然后离开家，到一位亲戚那里借宿，但彻夜未曾合眼。

第二天清早，陈汝言到《中央日报》社，远远地看到报贩蹲在人行道上数报纸，他过去溜了一眼，看见《资本论》广告十分醒目，非常兴奋，买了两份，随即到车站购票去上海。读书出版社黄洛峰见到他，紧紧握住他的手说："谢谢你！这件事干得很漂亮。"然后关照他暂时不要回南京。

就这样，这一大幅广告，"卡尔·马克思""资本论""世界伟大名著""人类思想的光辉结晶""政治经济学不朽的宝典"这些用大号铅字排印的词语出现在国民党中央机关报《中央日报》头版报头旁边，立即在国民党内部掀起了一场轩然大波。蒋介石看到这天的报纸，勃然大怒，下令追回全部报纸，可是为时已晚，报纸已经发到读者手里。《中央日报》社社长马星野查究此事，"反共大炮"龚德柏在《救国日报》发表题为《中央日报竟为共党张目》的社论，气急败坏地叫嚣："这在国民党的声誉方面和心理方面招致了不可补偿的损失"，要国民党中

读书出版社刊登在南京《中央日报》上的《资本论》广告

宣部长引咎辞职。

其时，国民党胡宗南部队正疯狂向陕甘宁边区进攻，五路大军逼向延安。反对内战的人们看到这幅广告，无不感到欢欣鼓舞。出版业中有人戏拟一联：

黄洛峰绝妙设计　石头城一弹中的
胡宗南大军压境　陕甘宁四面扑空

一张书刊广告

姜德明

一九三五年上海良友出版公司出版的精装十大部《中国新文学大系》，至今具有史料价值，为人们所称道。为了广为宣传，当时出版者还印了样本和单张的宣传广告。

这张书刊广告，当时夹在良友出版的杂志中附送给读者。编者邀请了参加编选工作的十位作家为它写了"编选感想"，全部影印了作家的手迹，这种宣传技巧是很新颖的。我不知道当时的宣传效果如何，至少鲁迅先生所写的这篇小感，经过四十多年的岁月终于作为重要的佚文被人们发现了，并编入新版《鲁迅全集》中，而那手迹也被制版收入《鲁迅手稿集》。

至于其他九人的手迹，当然也都属于未收集的佚文。

郑振铎编选《文学论争集》，他的"编选感想"是这样说的：

将十几年前的旧账，打开来一看，觉得有无限的感慨。从前许多生龙活虎般的文学战士们，现在多半是沉默无声，想不到我们的文士们会衰老得那么快，然而更可怪的是，旧问题却依然存在，例如"文""白"之争之类。不过旧派的人却由防御战而突然改取攻势了。这本书的出版，可以省得许多

"旧话重提",或不为无益的事吧。

朱自清编选《诗集》,他写的"编选感想"是一篇结构完整的精粹的短论,值得全文照录:

> 新文学运动起于民六,新诗运动也起于这一年。民八到十二,诗风最盛。这时候的诗,与其说是抒情的,不如说是说理的。人生哲学,自然哲学,社会哲学,都在诗里表现着。形式是自由的,所谓"自然的音节"。民十五《晨报诗刊》出现以后,风气渐渐变,一直到近年,诗是走上精致的路上去了。从这方面说,当然是进步。但做诗的读诗的都一天少一天,比起当年的狂热,真是天渊之别了。
>
> 我们现在编选第一期的诗,大半由于历史的兴趣。我们要看看我们启蒙期的诗人努力的痕迹,他们怎样从旧镣铐里解放出来,怎样学习新语言,怎样寻找新世界。虽然他们的诗理胜于情的多,但倒是只有从这类作品里,还能够多看出些那时代的颜色,那时代的悲和喜,幻灭和希望。为了表现时代起见,我们只能选录那些多多少少有点儿新东西的诗。

这些短小的"编选感想",用最简练的语言,道出了"五四"以后新文学各门类发展的成绩和歧路。每个作者也都发表了不少感慨。胡适和周作人也参加了编选工作并写了"编选感想"。周作人编选《散文一集》,他是提倡"人的文学"的。胡适编选《建设理论集》,他是提倡"活的文学"的。他解释"活的文学"是语言工具的问题,"凡白话文学、国语文学,吸收方言文学的成分,欧化的程度,这些讨论都属于'活的文学'的问题"。"人的文学"则是内容的问题,以此作为估量文学内容的标准。这十篇"编选感想",给现代文学史研究方面提供了第一手材料。

真没有想到,四十多年前的一张书刊广告竟成为珍贵的史料。但愿有兴趣跑旧书店的朋友,今后碰到零张的书刊广告时,万勿失之交臂。

书上的广告

姜德明

最近中华书局出版了刘禺生著的一本《世载堂杂忆》，书前影印了董必武同志手书的题词，书后则印有一份"近代史料笔记丛刊"各书的广告目录。起初也不过是随意一翻，但，一看之下竟得知有这许多难得的资料已经或正要出版。如《水窗春呓》上卷为曾国藩幕客所写的日记；《闽海杂记》则记咸丰朝太平军过闽北入浙赣时的活动和红钱会、小刀会的起义⋯⋯这些目录除标明著者、整理者，还有简略的内容介绍，它先使我知道有"近代史料笔记丛刊"之一说，继而引起我搜寻这些书来阅读的欲望。广告的作用起矣！

偶然联想到最近三联书店出版的《灯下集》，在封面或封底的折口部分，也印有著者吴晗同志的其他书目，如还有《投枪集》和《读史札记》等书。你若读罢《灯下集》，对吴晗同志的著作感到兴趣，免得再向别人探询，即可找来一读。

书籍附广告，鲁迅先生最注重，只要翻翻先生经手出版的"文艺连丛""未名丛刊""乌合丛书"等，便可见他亲自撰写的广告。这些广告多附于原书之后，当初写它也无非是为了向青年推荐绍介之需，现在却也保存下一些有关现代文学史的资料（如"未名丛刊"广告，岂不是把"未名社"的主张表达出来），并已成为我们所热爱的先生作品里的一部分。它具有鲁迅作品所特有的鲜明风格，文字尖锐简练，写法不落俗套，有的如一篇犀利的杂文，有的如一篇精辟的文艺短论，有的又如一篇抒情小品，虽都不曾署名，一望而知是出自先生之手。此外，巴金同志为文化生活出版社所编"文学丛刊"，在版权页上也印有各集的目录，人们只要顺手翻检，便一目了然。

扩而言之，这也是我们出版史上的好传统，线装古书上的先不说，三十年代开明书店、生活书店、良友出版公司的出版物亦莫不如是。叶圣陶先生说，当时开明书店的同人都写过书刊广告。

我们的出版社为读者的需要和方便着想，开始在书上加印广告，这是值得称道的。但愿我们的书籍广告越写越丰富，越写越精彩，就像当年鲁迅那样看重它！

一九六一年三月

创造社的广告

姜德明

创造社出版部的小伙计们，在负责创造社书刊发行方面做了不少工作，写书刊广告也很有特色。比如介绍《洪水》月刊，我们从潘汉年编的《A11》周刊上可以看到是这样写的：

不论赤白，不论新旧，凡有人心，不可不看。
有文艺，有批评，有论文，篇篇都是热的文字。
不图名，不谋利，不夹私，无非是叫出心头愤气。

在叶灵凤编的《戈壁》上，又这样介绍潘汉年的短篇小说集《离婚》：

作者毫不隐讳：写出现代青年对于性爱、社会、政治的不满意。笔下流露着努力反抗的精神。一面揭穿社会的黑暗，一面指示着我们的道路，正是现代青年的写照。

介绍孟超的诗集《候》，是这样说的：

我们的青年诗人在这里唱出了反抗的呼声："二十世纪是破毁的时期，我们复兴的机会已到 拼着反抗的精神，干吧，与恶宣战！"这意义是超出了醇酒妇人以上的，充分地表现出了现代青年的热情来了。

创造社当时的读者对象主要是青年，这从出版部发表在《幻洲》周刊上的一则广告中也可以看出；这一则广告写得相当灵活，录存以见当时的文风：

暑假已到，诸君快要回家了，请问如何消遣这一月多的酷暑永昼？小伙计倒替你们想到一个好方法，不晓得诸君以为好不好？

花几块钱到本部来买几本新书回去伴着爱人和兄弟姊妹消遣消遣。本部为优待读者诸君起见，不论本部出版的或寄售的书籍一律九折。如满洋五元，再打九折，你说便宜不便宜呀？趁你现在除了路费还有钱，莫把机会错过，懊悔不及！

有的广告又留下了当时的一些历史陈迹，直可当作一则文坛掌故来读。一九二六年五月十二日出版的《A11》第三期上，刊有一则"本部出售廉价书籍"的广告，原文如下：

郭沫若先生和他的夫人都到广东去了，剩下许多书籍，有的是他自己读的，有的是他夫人读的，有的是他儿子读的，现在陈列在出版部里廉价出卖，卖到的钱给掌柜的买糖吃。

书目分类如下：

文学书八种，古书两种，商法丛书一种，杂志几十本。

还有几十种小伙计话不出看不懂的英德日丛书。

当年新文学的书刊广告是相当讲究的,这些书刊广告的写法有没有值得我们学习的地方呢?这是一个很有趣的问题。至于这些广告究竟有几篇出自潘汉年的手笔,今天当然已经很难查考了。

一九八三年二月

朴社的广告

姜德明

据我的印象,朴社出版的书并不算太多,历史也不太长,但书籍广告写得却不错。当然,出的书也是很讲究的。我想这与文人办社也有关系吧。

请看朴社出版的潘家洵先生翻译的《温德米尔夫人的扇子》的广告:

> 潘先生译的剧本,是素来著名的。以前在《新潮》上译《华伦夫人之职业》,而排演这剧的,几乎各处都是。这是潘先生第二次改译的本子。这本书还有洪深先生的改译本。前年在上海表演时,打动了不少人的心,"少奶奶的扇子"成为风流且时髦的流行语。但是若有人要读不曾改动的王尔德这一篇贴切的译本,或者要如王尔德的原来方式表演在中国舞会上,选择适用的脚本,就请读潘先生这个第二次的译本了。

这则广告的口气平易委婉,如同一篇"书话"。广告里还为洪深的改译本作了义务宣传,但是目的还是为了让读者更注重忠于原著的潘译,也许洪深的译本为了适应中国观众的口味,过于中国化了吧。读了这则广告,令人感到朴社同人的风度豁达而又温文尔雅。书刊广告不同于其他商品广告,本身应该带有浓郁的文化气息，甚至可以欣赏。可惜这样的广告已无法查清出自谁人之手。从广告的口气来看，作者似在北方，或者是顾颉刚或俞平伯先生所写？

朴社出版过杨振声的小说《玉君》，俞平伯标点的《浮生六记》和《陶庵梦忆》，以及王国维的《人间词话》等，都是流行一时的热门书，而俞平伯的诗集《忆》，因了丰子恺的插图和精美的线装形式，更是朴社留给现代出版史上的一件珍贵艺术品。以上各书都有广告，如介绍清人沈三白的《浮生六记》一则便很隽永："沈君三白以自然的笔调，写美妙的情事，为小品中佳构。书分六记，缺其二，存其四，记乐、记趣二篇，尤为畅心悦目之作。中有挈其夫人，至乡间，看菜花，以馄饨担，煮点温酒，何等情致，令人神往。试问现今新夫妇蜜月旅行中，能作此等事否。"看这样的广告，如读一篇小品。现在难以得到这般享受了。

朴社于一九二二年成立于上海，成员有顾颉刚、沈雁冰、叶圣陶、郑振铎、周予同、王伯祥、俞平伯、胡愈之等人。后来顾、俞两位来到了北平，又与范文澜、冯友兰、潘家洵诸位在景山东街十七号办起了景山书社，主要出售朴社出版的书刊。有人以为可以把它看成朴社的后身。我见过一则景山书社的启事，该社的地点就在北京大学二院对门的三间铺面。该社除了经售朴社的书以外，也代销各出版社的文史书籍，尤重画片碑帖和英美原版书籍。最有意思的是还承接各处学术机关、藏书家、著作家，把出版物交来委托代售。这真是文人办的一个书社，有点像"作者之家"一类的联谊单位，既无官气，也无商气，令人向往。因想我们今天的书店就不能办得多一点文气，杜绝官商作风吗？这也让我联想到朴社的名字，它可能与乾嘉学派的朴学有关，但我总觉得当事人们也许主张做事为人崇尚质朴吧。

"五四"以后，文艺社团大都办出版社或出版部，目的为了便于出书和扩大影响，也是为了反对书店老板的剥削，甚或是为了逃避反动当局的迫害，这是中国现代出版史上研究的课题。朴社自成风格，这从他们的出版物，以及书刊广告方面都能找到例证，但至今不曾有研究家过问这些，堪称憾事。

一九八四年六月

开明书店的广告

姜德明

上海开明书店的编辑先生们，大多学人风度，工作起来是相当严肃认真的。开明书店的出版物向来也享有声誉，校对更少差错。这当中就有叶圣陶、徐调孚、夏丏尊、王伯祥、周予同、宋云彬诸先生。他们例来做事诚实，不愿马虎敷衍，逐渐形成了一种"开明风"。当然，开明书店也比较的老成持重，不够活泼。到了抗战胜利以后，叶圣陶先生也感到"开明风"的不足之处，即进取精神较差。这是一个实事求是的评价。所有这些特点，从开明书店的出版物上也都反映出来，甚至在封面设计、书刊广告上亦可以找到踪迹。这是很有意义也很有趣的事。

开明书店的广告写得朴实无华，没有海派作风，不属于虚张声势的一类。特别是早期的一些书刊广告，内容比较丰富，毫不拘谨，是下过功夫的。有一篇介绍赵景深先生翻译的契诃夫的小说《悒郁》，是这样写的：

你如果觉得烦闷，请你看这本短篇小说集，保管可以使你发笑，至少是微笑。不过，笑了以后，是否就此快乐起来，或者反而增加恼闷，可就不敢说了。但是这句话是可以说的，使读者笑了以后又闷，闷了以后便会感到严肃的人生趣味了。

这种出于自然的亲切笔调，再加上平实的口语化，很让人怀疑是叶圣陶先生写的。但是，也难说。我曾经就开明书店的书刊广告一事，求教过老人。叶先生说，已经不记得是什么人写的了。总之，那时谁负责编辑某一本书，即由当事人顺手写了广告。所以大家都写过，不曾专门有人写广告。开明书店书刊封面的题字，叶先生写得较多，但也记不清写过多少了。

我知道当年黎锦明的小说似乎是叶先生经手的，黎在开明书店出版过《烈火》和《破垒集》两本小说集，而且都有广告。现在也还无法肯定这是谁写的，但是写得很有特色。关于《烈火》是这样写的：

这是作者的第一创作集。他以纯客观的态度描绘丑恶的人生，自己不显示哭和笑的情感，完全是写实派的手法。他在《我的批评》上说，小说要作得"爽然"，他自己便是能够照着这话去做的。看他的小说，只要你读了几行，保管你不忍释手。现再版已付印，书中各篇，除《店徒阿桂》全删去外，均由作者取于艺术郑重的态度，增添删改了很多，较前更加纯净深刻了。作者并请著名小说家郁达夫作长序一篇，有其为序，实为本书生色不少。

这篇广告如同一篇短小的书评，而且还讲了版本的变化，具有史料价值。在同类书刊广告中是极为少见的。关于《破垒集》是这样写的：

这是作者的第三本小说集，内容比《烈火》及光华出版之《雹》更加丰富而新颖。"破垒"的意思是表示作者的思想艺术已由第一期蜕变，走入新的境界了。本书共包含《邹萧》《丁晓霞太太》《不安定的心》《铁塔》《水荇草》等八篇；文笔之秀丽，结构之紧严，实为文坛所仅见。现已付印，数日内即可与读者诸君相见了。

这一篇假若真是叶先生所写，更可以看出字里行间流露出对于一个新进的青年作家的支持和关怀。开明书店的编辑先生们确实为此付出过辛劳。

多年来叶先生未曾中断过为"开明"撰写书刊广告，我们在他一九四二年的《蓉桂往返日记》和一九四四年的《蓉渝往返日记》（均见叶圣陶《我与四川》一书）中，都能看到他写广告的记载。如一九四二年七月六日："晨起洗衣。看《低声歌唱的人》，略为润色。又看张铁生《哲学讲话》一篇，《中学生》所用。又作新书提要三则，预备登广告于报纸。"一九四四年八月十七日："饭后入睡一时许，睡甚熟，颇解困倦。起来作《青年丛书》《英语丛书》之广告辞各一则。"尽管叶先生是在旅行途中，他仍然不忘为"开明"书写广告。

还有一则广告是介绍孙福熙的散文集《北京乎》，同样不知出于哪位先生的手笔，可是写得十分精彩。这本书是一九二七年六月出版的，广告说：

> 我们只知道羡慕西方艺术，却不知东方艺术自有其个性，我国人都把它忽略了。孙君把中国的菊花，新年的灯，花纸画等一一加以有趣的叙述，引导我们发现自己本国的美，憧憬于梦幻般的东方艺术。

短短的几句话，作为一种散文评论来看，是抓住了最主要的论题。对于我们今天写书评和书刊广告也是有启发的。我们应该有勇气、有责任也写出这么精致而深刻的书刊广告，否则不是太缺少文采，愧对前辈了吗。

一九八四年六月